中法越南交涉史

劉伯奎編著

臺灣學生書局印行

例言

(一)越南（舊稱安南，清嘉慶七年，改稱此名），中國之屏藩也。文化相融，經濟相依，血統相同，民俗相類，壤地相接。自秦迄清，或列郡縣，或備遐藩。一八六二年（同治元年）法國勢力入侵，積極經掠，遂於一八八五年（光緒十一年）淪法。作者根據當時中法外交檔案，將越南淪法經過，作有系統之分析，以供學人之參考。

(二)本書取名為「中法越南交涉史」（英文之書名 A STUDY OF SIN-FRENCH DIPLOMATIC RIVALRY IN ANNAM 1858-1885），乃以中法之役為中心，說明此役之原委，及探討當時中國交涉之得失。

(三)法國勢力侵入越南後，中法外交關係，遂極為複雜。例如：因李福協定中之撤兵附件問題，所引起「觀音橋之衝突」，法方遂一口咬定中國背約，將責任推在中國身上，強詞奪理，顛倒是非，且受其蒙蔽者亦不乏其人。作者在此書中，根據各種史料，將眞像揭露，俾明是非黑白，責任是不容推卸。

(四)一九四四年十月十日，羅香林教授於重慶，閱完本書草稿後之評語云：「中法越南交涉史一稿，材料充實，條理明備，尤以第三章以下各章最為精彩。歷年來國內研究中法外交史者，多無如此完備，而撰作專書，論中法越南問題者，如非偏於條約與界務問題，即偏於中法越南戰爭經過，求其能綜合成書者，當以此稿爲最。際此中越問題急待解決之會，此稿實宜速爲出版。」

㈤本書草稿，於抗戰期間，在重慶南洋研究所時撰成。抗日勝利，率眷回穗，因工作關係，無暇整理付梓。一九四九年夏初，重返居留地馬來西亞砂勝越後，復收集更多有關資料，方將草稿重加以整理出版。承　業師羅香林教授之指導，內子梁耀奎之協助抄正，表示衷心之感激！

一九七七年　於砂勝越首府古晉寓所

目次

第三章 越南問題的演進

第四章 越南問題的擴大

第五章 中法兵事始末

第六章 中法和談重開

第七章　和約簽字後之種種問題

附　錄

本書圖片

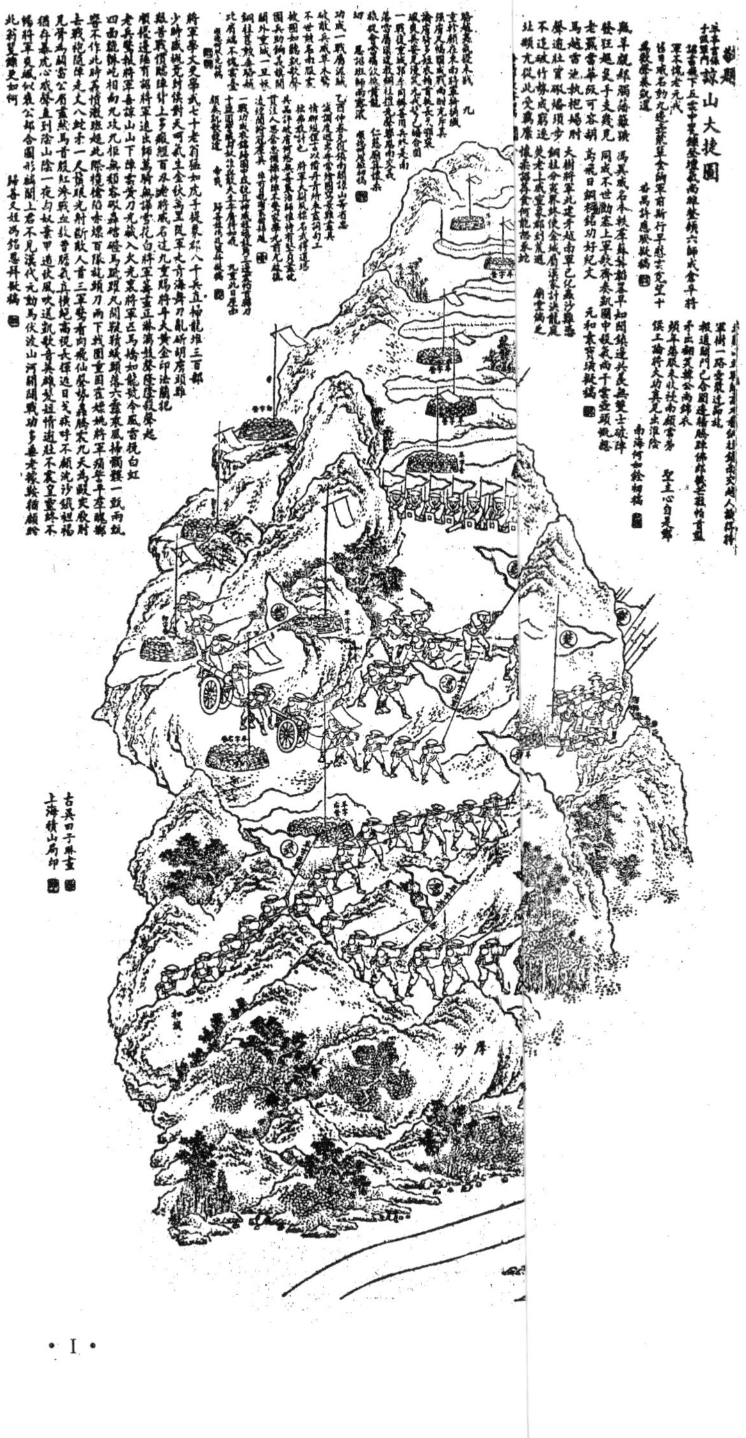

諒山大捷圖
古吳田子琳畫
上海積山局印

不以無有應之者疑有
計即亦退去

時我艘奚兵輪一艘名木拉司者適
見我壁壘有損遂撥兵四百名
攜炮四尊登岸經劉爵帥飭
臺灣鎮章總戎率隊由後包
抄斃寇百數十名生擒首目一名奪獲
法炮四尊旗幟帳棚等物甚多餘復
逃入兵船退出海口夫其敗之此仍是
余堅攻瑕之故智然而一絲牽掣敗
毀遠遁設非我
聖朝大度包容則欲其廣有孑遺
直指顧間事耳螳臂當車
殆我貲羨乎
劉
劉

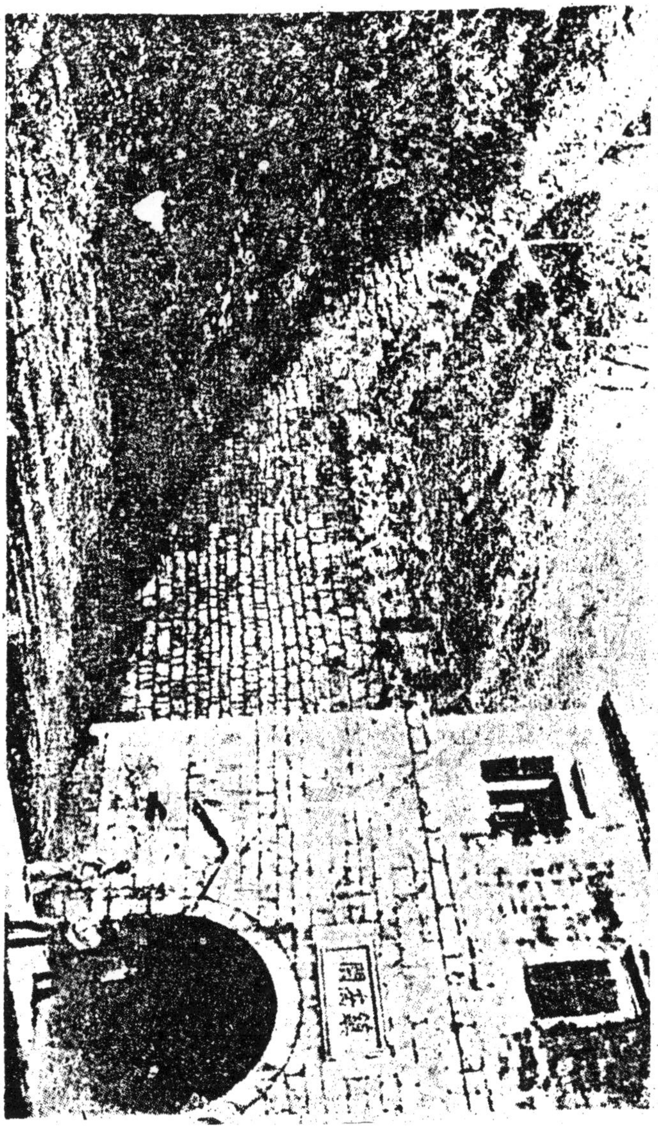

廣西鎮南關攝影

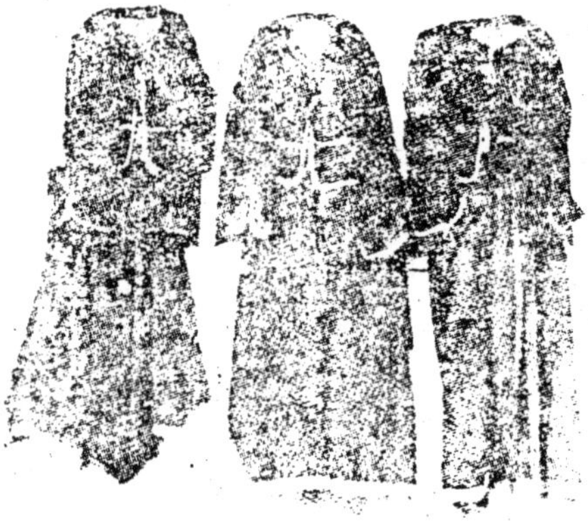

中法戰爭中俘獲法軍之軍裝㈠

中法戰爭中俘獲法軍之軍裝㈡

劉永福遺像

唐景崧遺像

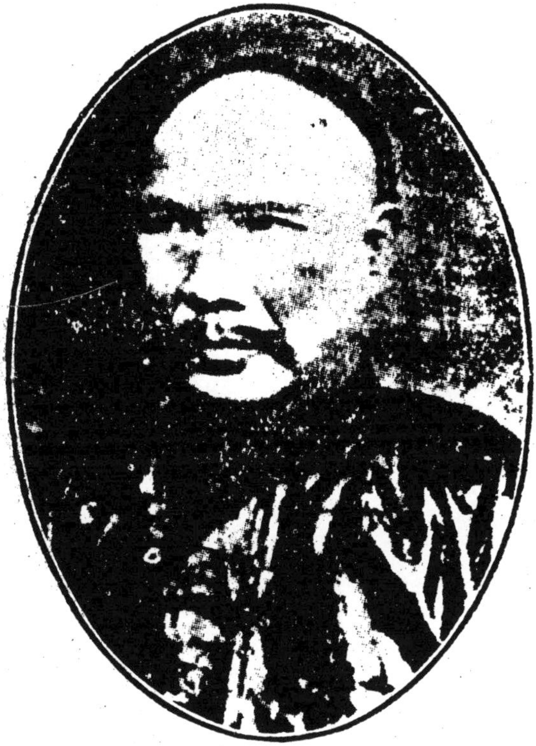

丘逢甲遺像

羅香林輯校

劉永福歷史草

正中書局印行

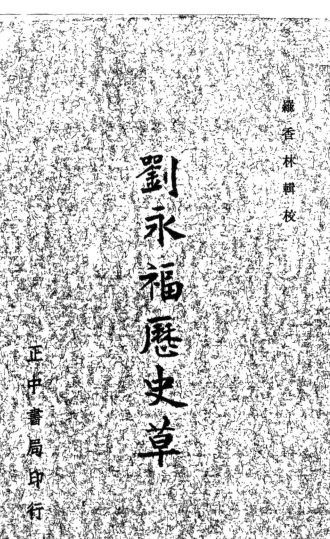

黑旗劉大將軍事實

光緒十年臘月之吉管可壽齋刊印

管斯駿:黑旗劉大將軍事實。

請纓日記卷一

灌陽　唐景崧　維卿

光緒八年壬午七月初九日以綏藩固圉說繕呈吉林寶佩蘅相國及高陽李蘭蓀相國赴宅由閽人投進不請謁兩相者本部堂官軍機大臣總理各國事務大臣吉林爲景崧乙丑會試座師並獻以詩狼星懸焰亘西方又見傳烽到雒王可有大刀平緬甸（用明劉綎事己指劉永福）無神弩出安陽（今越南乂安省）何人更下求秦淚說客將治使越裝豈是唐衢輕痛哭鄉關消息近蒼黃歲歲藤驪覆翠陰花前獨悵愛恩深無才且學屠龍技有臂終存射

唐景崧：請纓日記。

叢桂山房詩鈔 新樂府

燕遊草

馬尾江

光緒十年秋七月庚辰法人襲擊我軍於馬尾江全軍盡沒先是中法以越南開釁海疆戒嚴朝命通政司吳大澂赴北洋內閣學士陳寶箴赴南洋侍讀學士張佩綸赴福建會辦軍務張至閩駐紮馬江船廠時總督何璟巡撫張兆棟俱書生無籌策一意主和不爲備法輪船入口

許鑾：叢桂山房詩鈔。

越南竹枝詞

鳳詔丹書下

廟堂

恩周萬國遠梯航越南何幸承

光寵封祭榮褒兩代王

昭德臺臨仰德臺關神祭後始關開請將

皇令招來价多少陪臣拜滿堠鎮南關內外二臺名昭德仰德開關先祭關神後請

皇令招陪臣進關請詔

龍亭高請自雙雙香案前頭着力扛從此鎮南關外地

越南竹枝詞 二

丐香:越南竹枝詞。

南海軍次病魔作祟倚枕孤吟得秋興二十四律不過蟲聲蛩語聊遣愁懷工拙不計也

九重宵旰切深憂奉使綏疆願未酬鱷渚波濤番船險虎門風雨海天秋屢思減竈兵難汰無計量沙餉費籌幾度荒遐驚日暮笳聲倏起動邊愁

遠戍天南未奏功蕉廬凋敝透西風一丸夜月營棚白半角斜陽礮壘紅巧婦作炊空妙手征人無策遣愁衷卅年靡鹽奔江海難把升沈問碧翁

雄軍久駐病來侵白骨黃沙何處尋防軍及越南關內外爲瘴疫死者數千人毒瘴秋深蒸遠岫輕寒夜半人愁碪春日青草瘴秋日黃茅桂花瘴最毒迷漫滿山如煙霧風

彭玉麟：彭剛直公詩集。

盾墨留芬卷一

善化龍樵胡傳釗編輯

徐小山中丞片奏

近據南官呈報該國王名膺登年十七歲於癸未年十一月嗣位新約有無准允交出法字並譯出漢字再三强令押字不得不權且姑依等因查法越新約二十七條不知果否畫押實未換約今又乘其易君之際迫而押之必又別有詭謀而阮福昇之仰藥實因事多過舉易君亦出自太妃之命云云

岑襄勤公片奏

胡傳釗：盾墨留芬。

海南雜著

彭湖蔡廷蘭香祖撰

滄溟紀險

道光乙未秋末省試南旋既抵厦門(厦門別號鷺島)值吾師周芸皋觀察壽辰(時任興泉永道駐節厦門)隨眾稱觴歡讌累日遂渡金門(金門嶼在厦門之東余家祖居金門)適祖家由料羅(料羅汛在金門東南)覓舟將歸澎島問安老母(時遷澎湖)即赴臺灣計不十日可至也(余是年在臺郡城主講引心書院) 十月初二日舟人來促與家弟廷揚偕從者馳至海濱見船已拔椗(椗以重木為之海舟用以定船)張高篷

海南雜著 卷上

蔡廷蘭：海南雜著。

第一章　中越關係檢討

越南久隸中國，與中國有悠久而密切的關係。從地理方面說：越南與中國接壤達一千餘公里，在桂粵邊界上，沒有明顯的天然界限；從種族方面說：安南民族系出中華民族的一支；從政治關係說：自秦迄唐，常爲內領，宋時越南李氏建國，即受中國册封爲安南國王。元、明、淸三朝，皆奉中國爲宗主國；再從越南的文化系統看，今日越南的文物，幾完全漢化。玆就這幾方面的史實，分別再加以說明。

第一節　地理方面

越南位於中國的正南方，總面積七十四萬平方公里，人口約二千二百多萬，海岸線長達二千公里。南北綿亘有十五緯度（北緯八度三〇分至廿三度二〇分），氣候幾全屬熱帶。地形似啞鈴，兩端有一大河三角洲（其北是紅河三角洲，南部是湄公河三角洲），盡是肥沃地區，適於農耕，故物產甚爲富足。它的北部和中國的廣東、廣西、雲南三省毗連，接壤達一千多公里，且在桂粵邊界，沒有天然的屏障，可以鑑別。在地位上，中越地理關係，已形成不可分離的形勢。

越南本古之交阯地，在中國信史中昭昭可鑑。考交阯之名，最早見於禮記。後漢書引禮記稱：「南方曰蠻，雕題交阯，其俗男女同川而浴，故曰交趾」❶（一作交阯）。後漢書南蠻傳又說：「交阯之南，有越裳國。周公居攝六年，制禮作樂，天下和平。越裳以三象重譯，而獻白雉」❷。考之古傳，證之輿國，交阯即今之北圻，而越裳國卽南圻，周成王六年，越裳國遣使入貢方物，是中越有交通之始，歷秦漢隋唐不輟。唐改交阯爲安南，見於舊唐書地理誌說：「安南都督府，即隋交阯郡。武德五年，改爲交州總管府。……唐高宗調露元年八月，改交州都督府爲安南都護府」❸。安南之名始見。自唐以降，歷宋元明至清初，沒有變更；至清嘉慶七年，安南農耐王阮福映崛起，破東京盡有安南，遣使入朝。其舊封農耐，本古越裳之地，今兼併安南，乞以越南名國。清廷接受所請，詔封阮福映爲越南國王❹。以越南爲國名，即起於這個時候。

第二節　種族方面

中越種族關係，據越史所載，其國系出神農，第一王朝鴻龐氏就是炎帝神農的後裔。第二王朝爲甌駱氏，君主名安陽，也是巴蜀人。又據賽德根據創世紀記述其事說：「中國人、越南半島人、馬來群島人，……同出一脈」❺。上述諸說，其立論的起點，雖不十分正確，然這種臆說，也不是全屬子虛。蓋安南人系出中華民族之說，在中國文獻上，歷有記載。例如：

世本：越，芈姓也，與楚同祖是也。

漢書注：越南芈姓，與楚同祖，國曰芈姓，夔越。

楚世家：陸終生六子，……六曰季連，芈姓，楚其後也。

輿地志：交阯周時為駱越，秦時曰西甌，文身斷髮避龍。則西甌駱又番禺之西，南越及甌駱皆芈姓也。

史記：斷髮文身，錯臂左衽，甌越之民也。

戰國策：被髮文身錯臂左衽，甌越之民也。

史記正義：……按屬南越，故言甌越也。

史記索隱：劉氏云，今珠崖儋耳，謂之甌人，是有甌越。

從上述文獻看來，安南民族系出中華，似無疑義。再證之於中外治此問題的學者，如法國學者費瑯（FERRAN）即同意此說，且認為中國人與馬來人，越南半島人，馬達加斯加人同出一源，為亞洲高原古代居民的後裔❻。沙畹（CHAVENNES）氏在他所譯史記一書中，提出一種臆說謂：「根據各種歷史事實，證明安南民族，與中國之越族，其血統上極接近」❼。鄂盤梭（ANPONSSOU）氏又根據沙畹氏的臆說，幷以中國文獻作證，撰安南民族之由來一文，其結論說：

「駱，為閩越、東海、并安南之甌駱之通稱，為未屬中國時之越民及安南之駱越之稱謂安南人自稱則為越，此當本浙江越國之越字而來。自越國滅後，越字則用為中國南方。諸小國之統稱，中國征服南方各地之越民族之後，越字則僅為安南本土之民族之專名。再從甌字上推究，更可證知安南民族與越國民族同種。紀元前三世紀之越族與安南民族，不但同屬一種種族，且同為一支派，卽越族中之甌一支」。[8]

鄂氏且肯定說：「我敢斷言，今日的安南人，直接系出紀元前三三三年越亡的越國之遺民，而其祖先在紀元前六世紀時，立國於今日浙水流域之浙江省」[9]。我國學者，如羅香林教授，朱謙之教授，也力主此說。羅教授在南詔種族考一文中說到：

「今日雲南境內之僰夷，固為南詔與大理國遺民之一支。僰夷自稱為歹，故又稱為歹人。惟自稱為歹之種人，則除雲南一省外，如安南、暹羅、緬甸等地尚所皆有。此類非雲南境內之歹人，雖亦為古代越族遺裔之一支，然其移殖於緬甸、暹羅、安南等地，既遠在東漢之前，且為其種人之自然擴殖，非中夏宗邦有所驅逐；更非在南詔與大理國統治期內，始自滇境外遷，尤非在大理國為忽必烈所併滅後，始自滇境外遷」。[10]

以上所說，皆歷史上可考的，且知道安南民族於紀元前三三三年，楚國稱雄於浙江後，才成波浪式從長江流域南下，拓殖到中國的西南部，更踰雲嶺而到達越南半島，并據有東京三角洲地方與北部安南的平原，從事於耕種水田爲活。

第三節　政治方面

說到中越間的政治關係，更有它深長而密切的歷史。玆為方便說明起見，把它分為四個時期。

(一)周秦時期的越南

周成王六年（紀元前一一〇九年），交阯南部有越裳國。越裳氏以三象重譯來朝，而獻白雉。周公曰：「德不加焉，則君子不享其質；政不施焉，則君子不臣其人。吾何以獲此賜也」。使者回答說：「吾受命吾國之黃耈，日久矣」。後來使者回國，周公怕使者迷途，特製指南車五乘相贈。

秦始皇三十三年（紀元前二一四年），發諸嘗逋亡人和贅婿賈人，出兵略取南越陸梁地（按史記正義：嶺南人多處山陸間，其性強梁，故曰陸梁），并使之隸於象郡。越史略載：

「春秋謂之闕地，禮記謂之雕題。至周莊王時，嘉甯（安南北部）部有異人焉，能以幻術服諸部落，自稱碓王，都於文郎。文郎國以淳為俗，結繩為政，傳十八世，皆稱碓王。越句踐嘗遣使諭，碓王拒之。周末，為蜀王子泮所逐而代之。泮築城於越裳，號安王，竟不與周通」[11]。

(二)漢唐時期的越南

秦亡南海尉趙佗、據桂林、象郡，自立爲南越王。漢高祖既定天下，遣陸賈奉璽授往，封佗爲南越王。孝文帝元年（紀元前一七九年），復使陸賈爲大中大夫使越，令越去帝制。至建元四年（紀元前一三七年），佗卒，孫胡爲南越王[12]。漢武帝元鼎五年（紀元前一一二年），南越王不聽命，遣將征伐。據前漢書武帝本紀，記其事說：

「元鼎六年冬十月，發隴西天水安定騎士，及中尉河南河內卒十萬人，遣將軍李息，郎中令徐自為征西羌，平之。行東將幸緱氏，至左邑桐鄉，聞南越破，以為聞喜縣。春至汲，新中鄉，得呂嘉首，以為獲嘉縣，馳義侯遣兵未及下，上便令征西南夷。平之，遂定越地，以為南海、蒼梧、鬱林、合浦、交趾、九真、日南、珠崖、儋耳郡，定西南夷」。

當時武帝所置的九郡，其中交阯、九眞、日南三郡，都在越南境內。交阯郡治羸𨻻，即今之河內，九眞郡治胥浦，即今之清化；日南郡治朱吾，即今之富春。

王莽奪漢，交趾諸郡，皆閉境自治。至王莽末年，岑彭致書於交趾牧鄧讓，陳述國家威德，鄧讓始來貢。後光武中興，錫光爲交趾，任延守九眞，教民以耕稼，人民始知姓氏，接受了華風。至建武十六年（公元四〇年），交趾女子徵側偕其妹徵貳謀叛，光武帝派馬援征討。事平，馬援在日南象林縣立銅柱以誌漢界。銅柱上寫着：「銅柱折，交趾滅」，并留兵士守柱。日後這批守柱兵士的子孫蕃衍，至隋已有三百多戶，概姓馬，號稱馬留人[13]。

歷史轉入三國時代，交趾是屬於東吳。時日南、交趾二地的太守，是魯人士賜和他的兒子士燮分掌。士燮頗得民心，詔封爲龍度亭侯。後孫權改交趾爲交州，派步騭爲交州刺史，士燮奉節度，修貢不缺，至其子士徽嗣爲交守時始叛。

至梁武帝，阮賁據龍編稱南越帝，武帝遣楊瞟爲交州刺史，陳霸先爲司馬，擊阮賁。賁敗病卒，子天寶復入據九眞，又爲霸先所平，把九眞改爲愛州。[14]

隋煬帝時，林邑抗命，帝改日南爲驩州，以劉方爲驩州道行軍總管，討平林邑。

唐太宗統一中國，分天下爲十道，以越南屬於嶺南道。至高宗時，交州則改爲安南都護府，以劉延祐爲都護，仍屬於嶺南道，肅宗時，又改安南爲鎭南都護府，以張伯儀爲都護。代宗復改爲安南都護府，但至懿宗時却改爲靜海軍節度，以高駢爲節度使。總計有唐一代，交趾之名旣數度更改了。

降至五代，後梁貞明中，馬希範討交趾，幷立銅柱爲界。後爲士霸曲全美所據，全美使梁，受封節度使。不久南漢將梁克貞等奉命伐全美，擒曲全美，以其將阮進代之。後唐明宗時，楊廷藝發兵攻阮進，得手後自稱節度使。後晉天福二年，廷藝又爲矯公羨所殺。至此安南政局入於混亂狀態了。

㈢宋元時期的越南

宋太祖乾德初年，矯公羨爲吳王所殺，吳王據交趾。公元九六五年，交趾大亂，有十二使君幷起，各據地方自治。後爲丁璉合併，受封爲南越王，但不久被黎桓篡奪。公元一〇〇四年，桓死，子龍鉞嗣立，四年後爲李公蘊所奪，幷受宋册封爲南平王。至一一七五年宋孝宗時，天祚繼位，進封爲安南國王，安南稱國，實起於這時[15]。

到了元代，元朝武功極盛，曾三次出大軍征越，并促其臣服。然安南王迭有更換，時降時叛，仍不時發生。不過，在元之一代，它和中國的關係與友誼，尚稱和協[16]。

(四)明清時期的越南

明洪武元年（公元一三六八年），太祖遣漢陽知府易濟往諭安南，次年陳日煃遣使入貢，并請封爲安南國王。太祖特賜駝紐圖金銀印。日煃死，從子日熞嗣位，遣使報哀，太祖命王廉爲祭弔使，唐臣爲頒封使，日熞奉迎甚恭，歲常入貢。不久，日煃王位爲其伯父叔明所奪，叔明曾遣使入貢，爲太祖所拒。後叔明讓位於弟煓，煓卒，弟煒嗣，爲相國黎季犛所弒，另立叔明之子日焜主國政，大權落於黎氏。至一三九九年，季犛殺日焜，僭稱安南王。黎氏專橫，再殺天平（日煃之弟，曾至北京，成祖封爲安南王），激起成祖之怒，派大兵八十萬討季犛。季犛就擒後，把安南復改爲交趾，設郡置府，列入中國版圖。

成祖仁宗二朝（一四〇三至一四二五年），安南幾每年有亂事。直至宣宗即位，大赦交趾罪人，罷用兵，允以黎利權署國事，至黎利死，子麟嗣位，詔封爲安南國王，亂事才息[17]。

嘉靖元年（公元一五二二年），安南權臣莫登庸纂國，自稱安興王，據河內，於是安南分爲南北二朝。莫氏據於北，黎氏王於南，對峙凡六十多年。後南朝大將鄭松把莫氏驅逐，收復河內，黎氏復統一安南。但不久阮潢因不滿鄭松專權，據順化獨立，自稱廣南王，安南又分裂爲二。

入於清代，順治十六年（公元一六五九年），吳三桂平定雲南時，安南王黎維禔遣使犒軍。南安安平令莫敬耀也納款軍前，幷貢方物，詔封莫氏爲安南都統使⑱。康熙五年（公元一六六六年）黎維禔繳上明桂王所賜之舊印，詔封爲安南國王，幷定六年兩貢，貢使由廣西太平府入關，不取海道⑲。後黎氏勢衰，內亂頻仍，清廷以黎氏守藩奉貢百餘年，不忍坐視，遣兩廣總督孫士毅，廣西巡撫孫永清，率師代平叛黨，仍封黎維祁爲安南王。至乾隆五十五年（公元一七九〇年），安南爲光平所據，遣使來朝入貢，奏言守廣南已九世，與安南爲敵國，現據安南，請許爲藩臣。乾隆帝以黎維祁懦弱無能，便允光平之請，賜冠帶，封爲安南國王⑳。光平死，子光鑽立，至一八〇二年，爲阮福映所據，恢復黎氏舊封。遣使入貢，備陳構兵始末，爲先世黎氏復仇；同時說明其國本古越裳之地，今併有安南，是不忘世守，請以越南名國，嘉慶帝允其所請，詔封阮福映爲越南國王，幷定六年二貢，四年一朝之例㉑。從此越南復臣屬於中國，直至一八八五年，中法越南戰爭結束爲止。

第四節　文化方面

越南接受漢化數千年，遠溯秦時已開始，秦趙佗合併三郡，自稱南越王，即輸入中華文化，幷採用漢字。不過，交趾華風，見於史籍所載，是始於漢光武帝時候。後漢書南蠻傳記曰：

「人如禽獸，長幼無別。項髻徒跣，以布貫頭而著之。後頗徙中國罪人，使雜居其間，乃稍知言語，漸見禮化。光武中興，錫光爲交趾，任延守九真，於是教其耕稼，制爲冠履，初設媒娉姻娶，建立學校，導之禮義」。

其實，越南既歷代臣事中國，風俗習慣受中華文化的渲染，自屬當然的事。海國圖誌裏說：「面貌皆似中國，本漢人之苗裔也。其文學亦用中國字，讀中國書，法度規矩風俗習慣與中國彷彿」，這是確實的報導。今日越南人的婚喪喜慶，風俗悉與中國大同小異；敬祖宗、重祭祀、崇拜英雄，中上人士則多宗孔孟，百姓多信奉佛教。法人經營越南五六十年，而越南人民的風俗習慣，仍保持不變，其受漢化之深，由此可見其一斑了。

從上述史學，中越兩國的友誼，自越南有歷史始，一直保持着密切而值得珍重的關係，是不容忽視的。所以，至法國揷足越南時，便引起中法間關於越南的交涉。

❶❷後漢書南蠻傳二一一頁
❸舊唐書地理志卷四一，七五頁
❹王之春：國朝柔遠記卷六，一一一頁
❺❻崑崙及南海古代航行考一三一至一三二頁
❼史記譯本第四册四八頁
❽❾引朱謙之：中華民族之世界分佈（民族文化創刊號）一文。
❿中山學報一卷一期
⓫⓬越史略第一頁至六頁
⓭後漢書南蠻傳第三頁
⓮越史略第九頁

⑮按安南之名，始於唐代，其意義和安東、安西、安市相同。至於稱國稱王，或僭稱皇帝，則自宋開始。但奏章上仍不敢稱國。蓋其王猶受中國官職勳階，如所謂檢校、太尉、節度使、靜海軍、都護府等，皆如內地官職相同。丁氏三傳，黎氏三傳，至李公蘊得位，宋封爲南平王，奏章仍稱爲安南道。至南宋孝宗時，始以國王見諸奏章。

⑯元史安南列傳

⑰明紀卷八、九、十、十一、十二。

⑱王之春：國朝柔遠記卷一，十四頁

⑲魏源：聖武遠記卷六，四八頁

⑳㉑王之春：國朝柔遠記卷五，四三至四六頁及卷六，一一頁。

第二章　越南問題的發生

第一節　法國經掠越南的動機

十七世紀時代的法國，已步葡、荷的後塵，向東方尋奪殖民地。它最初的目標爲印度。入於十八世紀，法國將東印度公司、塞內加爾（SENEGAL）、和中國公司合併爲法國東印度公司後，便積極開拓印度，因之和英國在印度的新興勢力發生衝突，且不惜訴諸戰爭。經過幾次的血戰，卒於一七六一年治里之役，法國在印度的勢力被擊潰❶。於是，法國始有轉謀越南的企圖，藉以補償他在印度的損失。當時法國謀掠越南的途徑大約有二：第一先併吞南圻，以爲北侵的根據地；第二掠取北圻，謀開放中國西南腹地，以利通商。現說明他蠶食的步驟，以明白他的用心。

第二節　南圻喪失的經過

法國自印度殖民事業失敗之後，即轉移其目標到越南。公元一七四九年（乾隆十四年），法王路易十五便派全權代表到越，請求和他通商。越人不但不接受，反而發出攘夷的命令，極力排斥在越的天主教徒。這時法國適在歐洲有事，無暇過問。至十八世紀末年，阮福映和阮文惠爭國，福映被文惠驅逐，遁入暹羅。法教士畢約（MGR. PIGNEAU DE BEHAINE）便乘機誘說福映，答應以法國的力量，支持他復位。福映頗信，着其子景璿隨畢約赴法國請援，并於一七八七年十一月二十八日在凡爾賽宮和法國簽定密約。在密約中法國允派遠征隊助福映復國，而福映則答應割康道群島（PULO CONDOR）及會安（TOURANE）報酬。但密約簽後不久，法國大革命危機四伏，致不能踐約[2]。畢約後以私人名義，招募戰士數十人，途經蓬提舍利（PONDI CHERRY）得法屬印度總督助他兵艦二艘及若干兵器。及畢約抵越，適文惠勢衰，福映乘機攻取順化。一八〇二年奪得東京，越南於是復歸統一，號嘉隆，遣使請封於中國，清政府遂於一八〇五年封福映爲越南國王。

一八一四年拿破崙失敗，法國政體改成君主立憲，擁路易十八爲帝。路易十八爲鞏固政權與聲譽，派遣艦隊東來，威脅福映履行密約，福映不從；又四年，法再派使節來越，重提履約，又爲福映拒絕。至一八三一年，法使再度入越時，福映便下令驅逐，法國至此雖一無所得，然它積極圖謀越南，於事可見了。

但是，法國并未因此減低他圖掠越南的覬覦，祇要有機會可乘，便不會放鬆他的進行。

一八五八年適英法聯軍攻陷天津，於事寢後，法國即乘戰勝餘威，聯絡西班牙軍❸，會攻越南。戰事延續達三年有半的時間，卒將廣南攻陷。法軍侵入下交趾，佔領了西貢。一八六二年六月五日，越南被迫與法西兩國簽訂西貢條約，此約幷於次年四月十四日在順化批准。該約的要項如下：

1割交趾南部三省（卽邊和、嘉定、定祥）及康道羣島予法。

2允許傳教及信教自由。

3賠款四百萬元。

4越南未得法國之同意，不得割讓領土與他國。

南圻三省淪於法國後，法國卽利用這地方爲基地，發動他第二期的攻勢。

第三節 法人勢力插足北圻

中國和外國通商，最先限於沿海的幾省，腹地的通商較遲。因爲西南如滇黔蜀幾省，素有天富的盛名，久爲英法等國的注意。但是西南各省，崇山峻嶺，危險萬分，開發既不容易。所以外國人如欲通商，必須先打通雲南的路。當時入雲南的路有三：

第一由廣州直溯西江而抵廣西的百色，以達雲南。

第二由暹羅曼谷或緬甸的仰光，以達雲南的思茅或普洱。

第三由越南東京溯紅河（又名富良江）而上，以達雲南的蒙自❹。

這三條路中的第一條，是在中國境內，他國深入不易，第二條路又爲英國所獨佔經營的，所以第三條路由東京溯紅河至蒙自，便成爲法國唯一可以經營的，也是其他國家還沒有注意到的一條路。

紅河發源於中國雲南境內，上流是元江，自西北而東南，注入東京灣。初時法人尚不知這條河適於通航。所以當它佔領南圻之後，即開始向湄公河（在中國境稱瀾滄江）摸索。一八六五年，交趾支那總督任特拉格來（D.de LAGRE'E）和安鄴（GARNIER）組織探險隊，調查湄公河通中國的航路。嗣後發現湄公河不適航行，而聽到上交趾的紅河可通雲南時，便轉移目標到北圻來。一八六九年適法國睹布益（JEAU DUPUIS）因運軍火接濟雲南巡撫岑毓英，而得到允許走紅河入雲南路，便加速了他們的行動。

但是事情涉及越南的主權，越人對睹布益早懷不滿，卒因販鹽問題發生衝突。時法國駐南圻總督杜白蕾（DU PERR'E），即調安鄴助睹布益。結果安鄴死於黑旗軍之手，而法國便藉口强迫越王，與之簽訂第二次西貢條約。法國經營北圻，至此又得到初步的成功。條約簽於一八七四年，其要項如下：

1法承認安南獨立。

2法義務援助安南平定內外患難，幷建立平時事業。

3法贈兵艦五艘，砲百尊，扇底鐵銃千尊與安南。

4減免一八六二年條約賠款之殘額。

5安南外交事務受法國監督。
6下交趾六州割予法國。
7開河內、東奈、寧海三處為通商口岸，并讓富良江通中國之航行權。
8法國得在各通商港設立領事及駐兵。
9安南間之訴訟，由法領事受理。

法越於簽訂這項條約的第二年，由法駐北京代理公使羅淑亞（ROCHECHOUART）通知「中國總理各國事務衙門」，并要求中國允許雲南和法國通商，和防止中國匪徒侵越。總署於接獲這項照會後，即據理向法國提出抗議。終因法國與德國感情破裂，抗議被擱起，埋下後來越南問題的禍根。

第四節　越南內附請援

一八七四年的法越第二次西貢條約，實際上越南已將主權付與法國。所以越南一班有志之士，盡知亡國之禍逼於眉睫，爲謀挽救及擺脫條約上的束縛，他們認爲只有兩條路可走。其一廣與國交，其二內附中國請援。前者先於一八七九年拉攏鄰國暹羅，與之成立邦交，惟被法國監視而中止。同年都達（TUDUE）又遣使節至西班牙，并於次年一月二十七日在順化與西班牙簽訂商約。法國聞之，即向越西兩國抗議，西班牙不得已才撤回使節。

至於那時越南與中國的關係，雖有法越西貢條約的約束，但是越王之與清廷，仍事事稟承中國。一八七六年照樣遣使攜貢至北京。一八八〇年越使復至中國，法國雖聞其事，但亦無法制止他們，使者於一八八〇年十月四日入廣西，一八八一年六月三十日抵達北京❺。當時清政府除熱烈歡迎越使之外，並明白表示越南是中國藩屬。同時越王也曾請廣西巡撫慶裕代遞奏疏，歷陳越南邊情❻。後來越使回國，道經廣西時，又與桂撫會商，桂撫並囑他轉告越王，自力圖强❼。法越問題，至此成爲中法的問題。

第五節　黑旗軍助越南抗法

黑旗軍的首領劉永福，是廣東欽州人。一名義，別字淵亭。天地會中人。太平天國失敗後始入越，史草說：「時乙丑，年二十九歲。是夜當衆說曰：現日安南地方，多被白苗猺人霸踞稱雄，蹂躪越境，百姓呼號無門，越王發兵攻擊，屢告敗北。我等現在廣西，無大作用，且父母之拜，不可騷擾，保護現不須吾們，以弟愚見，專往安南地方，隨機應變，諸兄弟以爲然否」❽？文中所說「乙丑」，就是淸同治四年，公元爲一八六五年。劉永福入越，實始於這時。

永福到越的初期，實力薄弱，曾與黃旗軍（首領黃崇英）角逐多年，後將黃旗軍的實力擊潰，他的勢力才大大的加强起來。黃督統佐炎對永福說：「北圻長城，非公莫屬也」。由此也可知黑旗軍實力的雄厚了。越王後授永福爲保勝防禦使，永福的聲威，更爲越北婦孺所知道。

當一八七一年，越法失和，法將安鄴，攻陷河內，越南卽下諭永福出兵。兩軍交鋒，法兵大敗，永福壓隊窮追，趕到河內西郊，便把安鄴擊斃，并斬下法酋首級數百❾。經過這一次的戰鬪後，法閉城固守經月，不敢出來迎戰。卒以越王受法威脅，與之訂立上述第二次西貢條約。黑旗軍助越抗法，這是第一次。

法國謀吞北圻，是無有止境的，一八八二年遣其海軍大佐李威耶（M. RIVIERE），率兵入據河內，進迫順化，要挾越王履行條約。黑旗軍奉命擊之，因有紙橋一次的戰鬪，李威耶陣亡，法軍敗得非常狼狽。據請纓日記所載：（光緒九年，一八八三年）本四月十三日，與法人接戰於紙橋，大破之。陣斬創謀吞越之五畫李威利，斬四畫至一畫兵頭三十餘人，法兵二百餘人，傷者無算，奪獲洋鎗、馬匹、刀劍、鼓角、時辰表、千里鏡，不可勝計）❿。黑旗軍助越抗法，這是第二次。

這一役李威耶戰死，連頭顱也給黑旗軍拿去。法人願出二萬元贖回，有詩爲證：「艷說劉錡得士心，紙橋一役報佳音。統兵大帥行間戮，願贖頭顱二萬金」⓫。

法政府急謀報復，調駐暹法領事赫爾曼（HARMAND）爲東京理事官，陸軍少將波也（BOUET）逕赴東京，指揮軍事。一八八三年八月，赫爾曼陪同孤拔（ADMIRAL C-OURBET）由海防襲擊順化，波也從河內攻山西，與劉永福戰。兩軍相遇，波也軍再敗。但順化方面，已向法國屈膝投降，并締結順化條約（約文見⓬附註），下令劉永福退出保勝。永福不從，答之「俟法國來保勝，我乃脫離保勝地方是也」。法國卒沒有索到保勝。

清政府聽到法越再度簽約的事，也急詔岑毓英、張樹聲等籌辦邊務，統軍入安南，并任命劉永福爲越南經略大臣⑬。見於請纓日記說：

「……在山西與淵亭籌守城堵河之策。八日，淵亭欲退保勝，都中頗驚，余苦留之，始駐山西，曉帥奏劉團兵軍饟絀。於是九月二十二日，旨稱劉永福矢志效忠，奮勇可嘉，著賞銀十萬兩，以助兵饟；唐景崧多方激勵，亦甚得力。如能將河內攻拔，保全北圻門戶，定當破格施恩，以奬勞勩。此諭旨奬劉永福之始。後復有旨，飭廣西新舊撫臣，令唐景崧設激勵劉永福，不可因該國議和，稍形退阻。是余之招劉，始見明文。乃催劉團進攻河內」⑭。

清政府既以抗法的重責，委諸劉永福，而法國也感到劉永福之驍勇可畏，進行收買劉永福。法代表致劉永福的信說：

「大法國北圻吏部尚書兼掌通國正事務生，詞於黑旗大將劉提督知悉：我大法國已與相攻，是天命不順乎提，而胡不順承天也！提若善推，則今何國而保永後大利？我大法雖擊提黨，而亦惜提是聰明智勇之將，提兵亦是勇悍之兵；假使歸我大法，則得為大臣名望及威利諸事；若仍前與大法拒逆，則不惟失其名職各款，設立屯壘，據險以守，抑或逃出山林，潛回清國，無可得也！本為天下惜才，經稟大法元帥大臣咱，許本職諭提來降，則准許提一大權，與才相稱，毋為各爵；而我大法國官與提團同心，毋得作逆是好！如提欲情願如何？卽宣詞來本職知照；抑欲本職派人將通行札文毋致阻礙者，亦卽詞回，俾提得遇我大法官與商辦大事可也。茲寄」⑮。

劉永福接讀這封不倫不類的信之後，大爲憤怒，痛斥法使的荒唐。即着人函覆，指斥法國的陰謀，并檄以大義，理直氣壯，配稱中國男兒。他的覆函，文長六百多言，爲使讀者一讀其文爲快，特將全文轉錄如下：

「越南國三宣提督義良男劉，致書法國吏部尚書生知悉：大凡為國之道，必須上順天理，下順人心，方能長治久安，各保疆土。我越南幷未失禮，爾法國無故相侵，本爵提督以旅之師，與爾鏖戰多年，爾之損兵折將，亦已多矣。我越南之民，慘罹兵刄亦甚苦矣。是兵端之始禍在爾，天怒人怨，必有所歸，若果再不知悔，必為天下之所不宥矣！爾國縱欲逞忿，借國債，傭黑奴，逆天行事，希圖報復；然爾占水，我占山，我有無窮之餉源，爾無支久之兵費；爾縱設立碼頭，我必頻年興兵，殺爾人，焚爾居，擾爾商政，使爾不得安枕，雖有江河之利，爾法人豈得久享哉？今爾尚書深知天理不可強違，念我越南民人久遭塗炭，欲與本爵提督議和，其意甚善；然本爵提督大清廣西省人也（按永福久居廣西，或已入籍，或文中有訛，須待考正），父母之邦不可背；又越南國極品元戎也，知遇之恩不可忘；爾尚書若以息兵保民，各國仍歸和好為言，本爵提督，敢不相聽；倘如來書，以大權威利相誘，欲隔本爵提督為不忠不孝不仁不義之人，本爵提督心如金石，豈為爾所動搖！況高爵厚祿大權威譽，本提督之所固有，又何賴於爾國耶！今爾尚書果欲真意講和，望即將各國如何和益之處，據實言明，以待本爵提督奏請大清國越南國，同派欽差，一同會議，以期永遠無弊，得以長久相安，使海外各皆知本爵提督曁爾尚書大公無私之本意，豈不美哉！倘再恃強逞兇，執迷不悟，爾兵頭必有安鄴、李威耶之禍，悔之晚矣！崧此覆寄」⑮。

劉永福的覆信發出不久，法方知永福難於就範，便出動大軍犯山西，黑旗軍被逼應戰，因聯絡不好；敗退嘉榆關，振軍約法國會戰。他的約戰文，口氣頗爲强悍，自信能以一己的力量，把法兵趕走；就是當時的唐景崧也深信永福具有這種力量。未免將法兵的實力估計得太低。這篇約戰文頗有歷史價值，現錄之如下，以享讀者：

「雄威大將軍兼三省提督劉，為約期開戰事：查爾外寇，雄據歐洲，虎視海宇，奪其詐謀，逞其兇暴，無土地不垂貪涎，無財賄不思恣噬；以傳教為兆民之蟊蠹，以通商為各國之鯨鯢，窮凶極惡，恃勢宣淫；神人之所共憤，天地之所不容。猶復乘間抵隙，謀併越南，藉通商之名，倡背盟之義，以愚天下，以逞雄心，奪邑攻城，戕官奪稅，使無辜蒼赤，塗肝腦於郊原，縱狡黠黨徒，肆毒痡於遠邇，書其罪則罄南山之竹而難窮，念其恥則決西江之水而難滌。本將軍奉詞討罪，師出有名，誓率三軍，殲爾醜類。本欲飆擧星馳，雷轟電掣，直搗兎穴，痛殄狐群，大快人心，聿彰天討；第念河內亦國家故壤，商旅皆安分之良民，不忍城郭作邱墟，老稚罹鋒鏑，為此佈告俾得週知。檄到之日，爾外寇，既形跋扈，自恃豪雄，其率爾羊犬之群，以當我貔熊之旅，約於旬日內，共決雌雄，擬於懷德府空曠之地，為本將軍建績之場。倘知螳臂不可以當車，狐喙徒足以膏斧，思延殘喘，以保餘生，即日斬爾等頭目首級，詣轅獻納；并匿爾窟穴，退還我城池，本將軍上天好生之德，承國家息事之心，必不殺降以鳴得意；倘遲疑不決，貪得為懷，一旦兵端，禍將難測！嗟嗟當機而效順，勿恃頑以受誅，爾其深思，毋貽後悔。檄到祈各傳知，切切」⑰！

當戰雲瀰漫整個越北，清政府知道欲解決越南問題，非訴諸戰爭不可了。所供便積極資助永福，且寄以厚望。諭旨說：「法人已與越南立約，必將以驅逐劉團為名，專力以北圻。滇粵門戶，豈可任令侵略。………劉團素稱奮勇，現在退紮山西，距河內稍遠，着徐延旭飭令劉永福，整軍進紮，相機規復河內省城，不可稍有退阻」⑱。

清廷至此，雖知法國侵越事態之嚴重，且將危及滇粵邊境之安全。惜尚無整體之安撫計劃，仍以為獨以劉永福一旅之師，可以禦法國侵略之力量，致坐失軍機軍情，殊為可惜。所以及事態一天嚴重一天之際，清廷始着急籌措對策，於事已遲矣。

❶吳繩海譯：印度民族史一三〇頁一三四頁。
❷H.B.MORSE：THE INTERNATIONAL RALATIONS OF THE CH CHINESE EMPIRE, VOL.2P.P. 342§8。
❸因越人曾殺害西班牙籍主教一人，所以西班牙始參加法西聯軍。
❹郭嵩燾：養知齋全集。
❺H.B.MORSE. IBID, P.P. 347§8。
❻清季外交史料卷二五，三頁。
❼同上書卷二十七，十一頁。
❽羅香林輯：劉永福歷史草三三頁。

❾同上書，八四頁。
❿唐景崧：請纓日記卷二。
⓫海國公餘雜著，卷三，十一頁。
⓬法越順化條約要點：
1.安南承認爲法之保護國，嗣後雖與中國交涉，亦須由法國介紹。
2.劃定平順永合爲法領啃址。
3.法國得在安南諸要地駐軍，紅河沿岸置營哨，順化江口築港堡。
4.安南派駐東京之軍隊全數撤回。
5.開仁廣、南奇、修安三港爲萬國通商口岸。
6.自河內至西貢，由安、法兩國出資修築大道，并架設電線。
⓭束世徵：中法外交史第三章安南大事表。
⓮請纓日記卷三。
⓯⓰錄劉名譽越事備考索略卷二所引之原文。
⓱約戰文，在H.B.MORSE一書中已有譯文，見於該書第二册附錄。
⓲劉名譽：越事備考索略卷首論旨。

第三章　越南問題的演進

第一節　清政府的對策

中國對待藩屬，素懷放任，除注意朝、貢、册封三件事情外，它內政上的問題從不加以過問，對於越南也是一樣，所以越南幾次和法國私行立約，如越南朝貢如常，淸政府也就置之不問。直到一八七四年（同治十三年）越法第二次西貢條約成立，於次年（光緒元年）法駐華公使羅淑亞將西貢條約通知淸總署，并要求中國允許他在雲南通商時，恭親王以該約有違背中國的宗主權，才嚴詞拒絕，他的覆文說：

「法越兩國和約之副本，謹收領矣。然約文中有承認越南為獨立國之語，為中國所不解。越南自古為中國屬邦，故中國政府不能公認此條約」。

在這覆文中，中國除不承認越南爲法之保護國外，還明白指出越南自古爲中國屬邦。但是當時糊塗的法公使館的翻譯員，斷章取義，僅將覆文中爲首的兩句「法越兩國和約之副本，謹收領矣」譯出，其餘的文字通通被删去未譯。法公使則以爲中國政府悉予承認，將經過通知巴黎政府。中國對法越所簽的西貢條約所具的反對意見，竟被葬送在似有意與無意的翻譯員手中，殊可惋惜！

但法國鯨吞越南，仍不遺餘力。一八八〇年即援條約權利，不顧中國政府抗議，擅於河內、海防二處各置守兵百名；在順化、廣南二府分派守兵一中隊，并派測量隊深入越南內地，清政府因此亦更加注意。一八八一年十月總署恭親王等向光緒帝上奏。奏文說：

「臣等查法人佔領越南境，久割膏腴。此次添船籌款，雖以捕盜為名，其叵測已可概見。越之積弱，本非法敵，若任其全佔越土，粵西脣齒相依，後患堪虞。且紅江為瀾滄江下游（按或為富良江之訛），紅江通行輪船，則越南海口旬日可至雲南，此事關係中國大局」❶。

故爲「中國藩籬計，實不能以度外置之」。極力主張未雨綢繆，飭南北洋大臣，商同密爲妥辦。光緒帝接受所請，着李鴻章、左宗棠、劉坤一、張樹聲、劉長佑、慶裕、和杜瑞等人，即開始籌商辦法，但仍不敢明言助越，惟恐有貽口實。祗以嚴防南越匪盜爲名，實增防扼守諒山一帶，并加强與劉永福互通聲氣罷了。

一八八二年法對越北用兵，清政府於是急謀對策。在外交方面：飭出使大臣曾紀澤向法提出抗議；在政治方面：由桂撫轉慰越王以自力圖强，勿受法方的甜言蜜語所欺騙；在軍事方面：飭滇省發兵駐於上紅河一帶，預爲設法堵截，并與桂軍左右策應；再飭廣東派艦駛赴海南島一帶巡弋，遇必要時福州亦派艦增援。

但當時持反對意見的大臣也不乏其人，有主張不干涉的；有主張即與法國通商，緩和當前局勢的；更有些不識時務的人，主張以理諭之，使法方知道。關於這一點，留在下一節詳細加以說明。

結果清政府對於越事，仍採干涉政策，當法方着着向越北進兵，也即下令調粵、桂、滇三省軍隊分別出關。但滇省方面仍持異議，以為

「法人於我尚兵端未開，……懸軍深入，轉運艱難，水上惡劣，瘴癘甚盛，在我已非立於不敗之地。法人集議志在全據北圻，如見我分紮越南各省，擧兵相向，退則示弱損威，進則兵連禍結，如謂法人佔據河內，倘招納我亡命，侵軼我邊鄙，則我滇越不得安枕，勢當收復河內，然後我武維揚，不知滇粵相距數千里，文報動須兩月始達，聲氣隔絕，進止不齊。遲迴之間，事機已失，即使通力合作，幸而集事，又安能長為越南戍守，一旦旋師，仍為法人所有」❷。

歸納滇省方面的意見，大致認為，如中法在越北開戰，地理上對中國諸多不利；同時已有劉永福一支軍隊抗法，為妥善計，還是「內固吾圉，外壯聲援」為上策。清政府沒有採納這項意見，照預定計劃，軍隊浩浩蕩蕩出關，開赴越南境地。

綜上所說，清政府對於越事是有準備，但初期仍抱觀望態度，三省雖然出兵，并不願意與法國正面衝突。直至順化條約訂立，才作第二期的軍事準備。見於光緒帝的諭旨說：

「……如果法人前來攻逼，即着督飭官軍，竭力捍衛，毋稍鬆勁。前據左宗棠奏據飭王

德榜調募廣勇數營，駐滇越邊界，幷在廣東捐輸籌餉等語，當經諭令候諭旨遵行。現在廣西邊防緊要，誠恐兵力尚單，聞王德榜尚在永州，已招募營勇聽調，倘已成軍，着左宗棠即飭該藩司迅速帶赴廣西邊外扼紮，歸徐延旭節制。所有餉項，若待廣東捐需，緩不濟急，着左宗棠預為籌定，仍由江南竭力籌撥，俾無缺乏。岑毓英等前奏滇軍駐紮山西，輪船礮彈可及，城中防守不易，惟該城與北寧相距較近，必應固守，以成犄角之勢。……滇省防營無多，難支策應，著岑毓英、唐炯添募數營，以厚兵力。此舉係專為法人侵我藩屬，逼我邊境，不得不力籌防禦。……倘法人竟以兵船來華尋衅，必應先自戒備，……不可視為緩圖」❸。

看這一道諭旨，知光緒帝對於越事極爲注意。雙方陳兵越北，只要法方稍進一步，中法戰爭便會一觸爆發。

第二節　清朝野的議論

越南問題演進成爲中法問題時，清朝野人士，一時議論紛紜，莫衷一是。主政者有主政者的主張；大臣們有大臣們的見解。主和派，則力言中國武備短絀，不可輕言戰爭；主戰派，則說不戰不能和，言和便向人示弱；有的甚而主張聯德制法。他們的陳詞，盡是激昂慷慨，今日讀他們的奏摺，還覺得很有意思。現歸納他們的意見，有如下三種論調：

(一)主和派的議論

這一派的議論，可以李鴻章的議論為代表。李氏致力於越事和平談判，前後有四次之多。結果和談雖然失敗，但李鴻章對於和平的努力，仍不遺餘力。

翻閱中法交涉史料，便可以看到李鴻章對於越事和平的努力，和其他具體的主張。他說：「臣惟中外交涉，每舉一事，動關全局，是以謀畫之始，斷不可輕言於戰」[4]雖寥寥的幾句話，可以代表他對越事交涉所持的態度。

李鴻章很知道越事交涉的困難，「蓋使越為法併，則邊患伏於將來，我與法爭，則兵端開於頃俄，其利害輕重，較然可覩」[5]。所以他力言戰爭對於中國不利。因為戰則「各省海防，兵單餉匱，水師又未練成」[6]，同時如「戰而不勝，則日後之要盟彌甚，各國之窺伺愈多」[7]，但是有一部分朝臣堅信中國力量足以禦法，在這「戰」「和」兩難之際，李鴻章欲進行和平談判，也只有如他自己所說「祇有虛與委蛇，相機觀變，再籌因應之方」[8]罷了。

李鴻章所以主和，除鑒於中國武備不修外，還恐怕引起日本對於朝鮮的覬覦，他說：「法添兵來擾海口，防不勝防，全局為之震動，日本從而生心，為害更大」[9]。故國人儘管反對法越順化條約，助劉永福軍，代越人報仇。李氏獨認為助劉抗法。可暫而不可久。為徐圖轉圜計，力持與法避免正面衝突，并商請總署王公大臣，早定相機收束越事的辦法[10]。

不過，李氏的主和，有一點須特別指出的，就是他之主和似包括放棄越南的宗主權。這種大膽的主張，在當時除李鴻章外，也確沒有第二個人敢說。他給總署的函件中，有一封就有這個意思。他說：

「西國公法，以兩國訂立條約為重。其年七月，法越新約雖由逼脅而成，然越南固自為一國也。其君相旣允行，各國無議其非者，豈中國所能代為改毀？今若聲罪致討，須為改毀此約，則必自量兵力餉力能驅逐河內、西貢等處法人否？能變易越王否？能誅擊訂約之奸臣陳廷肅、阮文祥等否？（據在津陪臣范愼遹、阮述等密稱：陳、阮久阿附法人，甲戌約阮文祥主之，今新約陳廷肅主之，而陰受命於阮文祥。二人皆該王左右大臣，名為逼脅，實則誠順，惟強是從。）非辦到以上三層，則法不能屈從，約不能改毀。揆之目下中國人才兵餉，皆萬萬辦不到者也」⓫。

話得說回來，到了戰火逼近眉睫，李鴻章表面態度有些轉變，他說：「鴻章身任疆事，分應備兵禦侮，不敢專主和議」，其實這是違背他個人衷心的說話。

㈡主戰派的議論

甲、曾紀澤的主張和他所提的對策：曾紀澤是駐英法的使臣，越南事件發生時，恰奉命在俄國辦理伊犂事件，聞訊卽向法外交部提出抗議。後在俄換約使命完成，回駐巴黎，再照會法外部。幷將總理衙門歷年來未承認法越條約的意思，作剴切的聲明。但法國接這照會後，却巧言回答說：「但願越南遵守甲戌之約，幷非多求進步」。曾紀澤知法國陰謀叵測，上奏陳述他的對策：

「法人圖越，蓄謀已久，斷非口舌所能挽救。吾華海防水師漸有起色，如撥派數艘，移近南服，使敵人有所顧忌，或可不至於剝膚噬臍之悔。法人內懾於德，又丟尼斯（

TUNIS）之役，未甚如意，斷不敢與我開衅端。吾華自翻改俄約之後，聲威較前日增，

似是一好機會，此事全恃南北洋閩粵諸公齊心協力，奮發有為」⑫。

接着，他向總署提出七項關於籌辦越事的辦法。他認爲越南萬一垂亡，對於中國有很大的不利，中國既不可存畛域的心，而越南更不應該爲自己打算。應該互通聲氣，才可得到「輔車唇齒之益」。他所提的七項辦法，雖然不爲淸政採納，但也可以看到曾紀澤對於越事的用心。現將原文引錄如下，作爲治史者的參考⑬。

一、越南除例貢使之外，宜專派精通漢文，明白事體大員長住京師，聽候分示，轉報該國。

一、越南係中國屬國，例不得擅遣使臣，駐紮他邦。然該國如派一精通漢文，明白事體之員，帶同法文繙譯官一人前來西洋，作為敝處隨員，亦可常探西洋消息，報其國家。

一、法人自以法越前立之約，語弊甚多，官紳私議，常欲脅之以兵，另立一約；即其近來辦理丟尼斯國事務之成法也，乞諭越南切不可與法人輕立新約。

一、法人常以約中許在紅江開埠通商，而至今尚未舉辦以為口實。按法越之約，中國可以不認，越南不能不認，宜勸越南慨然將紅江開埠通商，而不可引法越條約為言，可明告西洋各國，言現遵中國之命，將紅江開設通商埠頭，允與西洋各國貿易，各國得此消息，既服中國之能調停，又見我與越南情無隔閡，可省無數窺伺之心。

一、法人常以紅江多盜為名，無論盜之真偽，越南宜以除盜自任，力不足則求助於中國。

查法越之約，越王有事，越王乞法人助以兵力，法人不得推諉。然幷未言越南不得乞助於他國，亦未言不得乞助於中國，亦未言越南未經乞助法國，法卽可逕派兵助之也。

一、法越條約西洋未必認之，如別國人與法國人在越南爭論，歸法國駐紮大臣審判，及別國人在越犯事，解歸法國西貢地方辦理，此各國斷不能允者，一條不允則全約如廢也。

一、越南宜嚴束士民，勿予法人以口實，致成開衅之由，殺人焚屋等事，皆無益而有害者也。

乙、疆吏的議論：西南疆吏，他們因職責有關，所提供解決越事的意見，也比較具體。但他們的奏章，盡是侃侃陳辭，如欲一一引錄，不是本書篇幅所能容納。現擇其要者，分述之如下：

(1)兩廣總督張樹聲，他負着鎮懾粵桂兩省邊務的重責。所以當法越事件一發生，他便留心着粵桂的防務，一方面派提督黃桂蘭，加緊防守諒山、高平等處，一方面派員到東京各路，刺探敵情，隨時密報。後聽到法人欲據東京的消息，除卽密致雲南督臣劉長佑、廣西撫臣慶裕，預籌邊務外，同時向清廷建議：

「竊維法人謀佔越南全境，雖蓄志已久，而實事未形，方今因應之宜，固不能先事張皇，啓疑彼族，亦不能毫無部勤，待變臨時。……臣熟思至再，粵省籌防，惟有就廣西現有關內外勇營，乘向在北圻之諒山、高平等省防剿土匪，再行察度要害地方，量添哨隊，會晉南官，嚴為防範。內以障蔽邊圉，外為彼國聲援。為越剿匪，法不能讓我之增兵，先守越地，法不能蹈我之罅隙，雖力不及遠，庶無全佔越土，立滋逼處之憂。其由保勝入滇之路，幷瀾滄江上游與雲南相近地方，當由滇省籌布兵備，相度設險。東與粵營聯絡聲勢，駕馭劉永福，使為官軍犄角。固不可自我挑衅，為彼挾持，尤不可稍懈周防，啓其窺伺。惟粵西邊境，相距東省甚遠。以上一切應籌事宜，恐難臆決」⑮。

細察張樹聲對於法越事件的意見，主張及早設防，以免日後束手待困。但力持愼重，衅端不可開自我方。

(2)雲貴總督劉長佑，他負雲南的防務，也是責無旁貸。主張水陸幷防，以逸代勞，對法方先取控制的形勢。假如一旦戰爭爆發，我軍朝發而晚間可到；同時敵方看見我們有準備，也不敢隨便蠢動。在外交上他主張將法國經掠越南的陰謀，向各國駐京使節公布，使法國知理短而止。長佑上清廷的奏摺這樣說：

「竊意防禦之道以慎密為先，控制之方以利便為要。法人居中為變，尚在未動，若合水陸內外幷防，則防禦之中有控制之勢。越南水路距澳門五十餘里，惟廉州協營汛地與之連界。……李鴻章請於商船（卽招商局輪船）往越之際，添派兵輪同往游弋，與曾紀澤請撥師船數艘移近南服。所見相同。要須假市糴之便，以漸移入東京，借護商之名，分泊順化等處。……至陸路則廣西現有防軍駐紮越南邊境，助之緝捕。若干現有之營添調勁卒，於毗連之地潛設要防，備禦在無形之中，與兵輪有相連之勢。……臣等至愚，亦惟有藉辦土匪為名，於臨安、開化、廣南各郡，增募練軍，遴員統帶。無事則勤加訓練，以資巡防；有事則相機應援，以便調遣。……臣等再四審度，以為待其既吞越境，為守邊之計，不如乘其始動為張衅之謀。滇粵二省與越接壤，東西首尾山洞相連幾千里，叩關造衅，莫可端倪，要害與失，勞費滋甚。分之則患勢弱，合之又恐防疏，若及此時弭衅於外，則自三江口以至海陽一帶，東西僅數百里。其西北境之宣光、興化二省，現有該國副提督劉永福駐守，以中國兵力之禦敵東京，兵聚而力省，以視防守滇粵之邊，勞逸懸殊，利害相遠。然遽以兵屯禦河內，則有啓衅自我之慮，待其已變而始出境相援，則有鞭長莫及之憂。……願皇上令總理各國事務衙門召集諸國領事，秉公會議，開示信義。……辯其曲直。即法人之狙猾，亦豈願以失和棄好，捐津滬各口之利源。幸而從之，則戢兵不用之術也。苟其不從，則法國啓衅之罪也，曲在法國，衅在法國，則可以宣示其用兵之意，而彼不得以為藉口之端。用防邊之力於關外，而我不受其害；移防邊之師於江邊，而彼不得議其事。一朝有警，朝發夕至，然後可以救護其東京而無失緩之慮也」●。

劉長佑又認為，萬一越南戰爭爆發，雲南、廣西、廣東三路的國軍，相去千里，行軍很難一致，指揮也不統一，為補救這項缺點，他向政府建議，另派南北洋大臣中的一員，前來統一指揮軍事。誠如他自己說：「庶幾事權歸一，聲息相通，東西并進，乘勢赴機，可無違津失機之慮」。這是長佑獨到見解，即就當時西南三省的軍隊實情，也確實不可缺少的一位大員。所以不久之後，兵部尚書彭玉麟，便授命南來督辦三省軍務。

(3)署理雲貴總督岑毓英，他更積極的主張與法決戰，且認爲不戰不能和，戰而後和，主動便在我手。他在籌辦滇黔邊防的奏摺裏說到：

「竊維法國擾亂越南，逼近滇黔，時局可虞。朝廷之旰食方殷，微臣之責任彌重。……冀紓朝廷南顧之憂，如不得已而用兵，臣即統率所部，迅赴越南，相度機宜，臨機決策。臣聞師直為壯，曲為老。越南素屬藩封，二百餘年恪守貢職，是越南之土地，即朝廷之屏藩。今法人擾亂越南，其曲在法，勝負之數，決於天時人事，斷非議和而能息干戈者也。自古禦外之法，能戰乃能和。維廟謨廣遠，當先立於自強，必操可戰可守之勢，然後議和之權在我，而不在彼」⑯。

(4)兵部尚書彭玉麟，他於越事緊張時奉派南下督辦軍務。抵粵後，一面積極籌辦粵省防務，一面會同張樹聲等妥籌滇桂粵三省的聯防。此外對清廷提供兩項建議，第一以政府名義，照會通商的二十多個國家，揭發法國吞食越南的陰謀，籲請公斷；第二暗結暹羅，出奇兵襲取西貢，并約同西貢和新加坡的華僑助戰。前者與劉長佑的主張相同，不擬多花紙墨論列。後者却有他獨到的見解，見人之所未見的。現節錄他之奏摺如下：

「為密籌暗結暹羅襲取西貢，以拯越南而維大局。……竊維法夷吞噬越南，占據西貢已二十年，現復由河內集占宣泰山西。……業已明目張膽，無所顧惜。刻下滇粵官軍分途進取，皆是正面文章，必須用間出奇，別開生面，以假虞代虢之謀。為圍魏救趙之舉，大局庶有轉機。鼻端生贅，腦後下針，此之謂也。……現有三品銜候選道鄭官應，廣東香山人。自幼從海泊徧歷越南、暹羅、新加坡等處，熟悉洋務，現辦上海招商及織布機器局，南北電報局，與王之春共事有年，每談及法酋蹴越尋衅廣東，同深義憤。據云暹羅王鄭姓，廣東人，尊敬中國，用漢人為官屬，現有掌兵政者六人，如中國之總督，皆粵人也。其人夙重鄉誼，與鄭官應熟識，談及法越之事，亦為不平，且引為伊國切膚之患。伊國與越之西貢毗連，嘗欲出其不意，攻其不備，由暹羅潛師以襲西貢，先覆法酋之老巢。……暹羅極東邊境為英國所關者，曰新嘉坡。地極富庶，粵人居此者十餘萬。中國設有招商分局，即西貢現亦有招商分局，均係鄭官應所司，擬懸重賞，密約兩處壯士，俟暹羅國兵到時，舉火內應，先奪其兵船，焚其軍火，以期聚殲」⑰。

彭玉麟這一主張，在事實上并未如他所認爲的簡單，所以未爲清廷採納。上諭說：「閱該尙書所奏，多採近人魏源成說，移其所以制英者轉爲圖法。兵事百變，未可循臆。度之空談紙中，爲害尤鉅」⑱。但是彭玉麟個人，仍認爲這計劃可行，背諭旨密令鄭官應赴暹羅，機密辦理這件事。後來他又把辦理的經過情形，據實上奏說：

「華人在彼國者數十萬人，均念其祖宗原籍中華，憤切同仇皆思出力報效。但須先委結實可靠之員，前去滇密籌辦，實事求是。可得勁旅數千人，以三四個月為度。通盤合籌，其口糧器械，一切約計不過花費三十餘萬金，以期直搗西貢；且於彼處已安頓內應有人，務傾該法夷老巢，如或餉需不繼，彼國華民尚可報效捐助。此暗中飭鄭官應機密辦理之實在情形也」⑲。

玉麟處理這件事，是相當愼重而週密。他叫鄭官應在暹羅接洽布置妥當之後，再叫他到西貢、柬埔寨等處，秘密調查西貢的防務，那裏華僑的動態。又該處的地勢怎樣？敵情怎樣？一一調查清楚，聽候機會發動。

上述彭玉麟在奏摺裏所陳述的籌議，以及他在暹羅、西貢等處的布置，到中法戰爭爆發時，都不見諸事實之實現。是否清廷再度拒絕採納？抑佈置欠妥，或暹羅不願和中國合作？這些問題都好像石沉大海一般，沒有所聞了。

(5)吏部候補主事唐景崧，他是一位請纓客，當越南事情發生時，請纓趨赴雲南的。後在岑毓英部當一名將官，曾到北圻地方，作實地調查過一次。他說：「臣親履其境，目睹其形，越南之積弱至此，如非皇上之力，不能挽救越南之危局」。所以他極力主張暗助劉永福，藉劉永福的聲威，收復北圻之地。他向清政府建議五項辦法，安置劉永福。五項辦法是[20]：

子、幫助劉永福須秘密進行，但也要有確實的證據給劉永福，才能使他安心為國效忠；軍火接濟，如雲南一省力量不夠，桂粵兩省應合力支持；着劉永福即移駐紮紅河兩岸。

丑、派員赴劉軍營中，激以大義，使奮力作戰到底。

寅、在越南華裔，也需要加以聯絡，使不為敵人所用。

卯、開墾養兵，可捲可舒，可靜可動，收一舉兩得之效果。

辰、越南財力不足，單以保勝一地的收入，不能維持劉軍，應指定西南數省每年接濟若干。

最後唐景崧還加上幾句按語，說明利用劉永福的好處，劉永福是越南的官吏，他的行動外人不敢阻撓；第二如能先據紅江，接着扼守北寧，那末宣光、山西、興化、太原、高平等省，都是囊中之物，同時據北而後圖南，也是鞏固地方最好不過的辦法哩！

(6)山西巡撫張之洞，在職責上他不是西南疆吏，但感於「國家興亡，匹夫有責」，也仗義陳言。他對措置越南事件的見解，確有獨到的地方，且議論激昂，文辭暢達，可代表當時士大夫階級的一班議論。奏文開首便這樣說：「近日事勢不防不可，欲防不能。非庇屬國無以爲固吾圉之計，非揚兵威無以爲議條約之資。士卒非必須閩粵之人，師行必須水陸幷進。責兩廣以援，責雲南以守。防援同此一兵，動靜同此一餉，卽使滇之商路終開，而我之守備已固。語云：「守則不足，攻則有餘，此事有進無退，有益無損」㉑。

張之洞也確以天下爲已任，他憤慨的說：「臣目擊時艱，不勝焦灼，敢就愚慮所及，規畫次第，敬謹臚陳，以備聖裁」。他所擬定的對策有十六項。現摘述它的重點如下：（仍保原文辭藻）：

一、成算：法人狡謀已遂，情勢已彰，徒遣密使偵探無益。惟有遣帶兵赴援保護，助越之勢，阻法之氣，上可令退出越京，次可以代定條約。相機操縱，進退綽然，越禍旣紓，滇防自緩。此古人所謂守四境不如守四夷之說也。

二、發兵：雲南兩廣省設防，年年勞費，無所底止。待其根蒂已固，路徑可通，雖有防軍，何益於事？故今日斷宜迅速發兵，非芸人之邊功，乃自守之先者也。

三、正名：外國通例，原有保屬國保護商人之條。我兵之出，無妨明白告諸邦並非勤遠挑戰。

四、審勢：勢者何？緩急者也。他年受病之處在滇，而今日制敵之道則在粵。論敵之注意，則滇急而粵緩；論我之下手，則滇緩而粵急。……若不從兩粵進兵，批亢擣虛，則滇防徒糜費耳。

五、量力：閩粵人與洋人狎，不畏洋兵而皆習於海戰。……滇軍較弱，必須及早措置，訓練經年，始可用耳。

六、取道：粵西陸軍萬人，出龍州鎮南關；粵水師二萬人，出廉州海入越南港口，皆會於越東京。

七、擇使：宜派忠正明幹大員兩人，為出使越南大臣，辦理護商議約事宜。

八、選將：廣東廣韶南鎮總兵方耀，身成百戰，沿海知名，可統粵船；黃巖總兵貝錦泉習於水戰，兵船多其舊部，可統閩船。兩將皆屬使臣調遣，廣西布政使徐延旭可統援軍出關，雲南布政使唐烱可統滇軍臨邊佈置。徐延旭、唐烱尤宜假以事權，責成滇越督撫，勿制其肘。

九、籌餉：援餉取給於閩海粵海兩關四成洋稅。廣西庫儲近年稍裕，半年內尚可支持，半年外廣東接濟。滇餉取給於川，丁寶楨必能力籌。

十、議約：我師入越詰問法國公使兵官，責以公法，示以戰意，為之居間調處，法不得逞，則與越立約必有限制，有損於華之條目自不能萌。

十一、相機：我師在越，然後曾紀澤在法京得以行其說，駐越駐法使臣互相關會操縱，相機為之，法人必可就範。

十二、刻期：所論諸臣及戰艦兵勇皆在沿海，自中樞定議之日，始分投調撥，部署速行，兩月可集中廣州，再二十日可達越京。粵西防營本在邊境，惟待徐延旭到此整飭調度後，水師十日亦可會於越京城下。唐烱自川赴滇，自滇省成軍出蒙自臨越界，後粵西軍一月亦亦可到防，聲息相自可聞。此時奮勇赴機，於越事猶可及挽，若少遷延便恐後時。

十三、廣益：大局須自內定。……不必待群議旣集而後行，致類道謀。

十四、定局：大要此事卽使一切迅速，亦必須秋間始有端倪。彼時李鴻章百日已滿，似可令其先赴粵省一行。詳酌條約，布置久計，再返天津。

十五、兼籌：倭事觀望不決，勢同騎虎，越事旣定，然後催問球案。我師東還，聲言順赴東洋察看琉球三島形勢。法人轉圜，倭事迎刃而解矣。

十六、持久：廣東為洋舶來華第一重門戶，越事旣須經營，則以後粵防愈要。查當年曾國藩建議，南洋大臣本擬駐粵，擬請增設南洋大臣一員，以兩廣總督兼之，不惟經略南交。兼可先得各國要領。免以增兵置師，致啓各國猜疑。其兩江總督所兼或卽更名為東洋大臣，三口鼎峙，首尾聯絡，氣局較緊。

丙、廷臣的建議：在朝文官，多主張「守不如戰」。翰林院侍講學士陳寶琛、侍講張佩綸，及戶科掌印給事中鄧承修等，卽力主此說。陳寶琛和張佩綸甚而主張聯德牽制法國。因爲德法有世仇，法國如得越南，它的國勢必强，予德不利。現在遣使和德國聯絡，向德多購軍火，法國知道了也必有戒心，遏止他侵呑越南的行動。[22]

鄧承修等更因李鴻章的主和，聯名[23]上奏，痛斥李鴻章主和的荒謬，力言以戰爭解決越事。他們的言論激昂，尤爲傳誦一時，且爲主戰派中人引爲儻論。奏文雖長，也有一讀的價值。奏文說：

「…夷情叵測，請嚴飭督臣力求實力把握，急籌戰守免墮奸謀。……竊維謀必量事勢，制勝貴審敵情，若不辨其為嘗試之詞，猝然見信，未有不墮彼奸謀而沮我士氣者。夫法人自據山西以來，破北寧，攻太原，旬日之間，戰無不克，其桀驁可知。法不和於山西未失之前，而和於北寧既失之後，有是理耶？德璀琳一中國司事耳，福祿諾亦該國水師一偏裨耳。既無國書之重，又非公使之名，其意以為我兵新破，而特為此不根之言以窺吾虛實。我若允其所請，是不費一兵不糜一餉已坐享其利矣。……臣等聞法兵雖勝，而數月勞師集餉，勢已不支；又北圻新定，其民未附；安知非懼我增兵，大舉而故，為此要挾之詞。且李鴻章果以和議為可恃耶？自各國通商以來，要求恐嚇，無所不有。我強則和約可保，我弱則所約皆虛。……夫越南屬我藩封二百餘年，一旦不臣不貢，拱手與人，所謂國體者何在？山西北寧盡歸法人，而我不圖規復，縱使畫疆無險可扼，滇粵豈能自守？且使英俄各國揆吾怯弱易與，必將環視而起。其狡猾如福祿諾者何可勝數？若與以兵船相脅，朝廷將若之何？此乃禍患之始，臣不知疆臣又果有何策以後其後也。夫以今日之事勢揆之，兵疲餉絀，息民保境，未始非苟且旦夕之謀。惟歷觀前古敵國外患，未有不戰而和，亦未有不戰而能和者。李鴻章治兵二十餘年，不以喪師辱國為恥。乃云起自田里，託為審勢量力持重，待時之言，以文文其愛身誤國之罪，此臣等所為痛恨而不能已於言也。臣愚以為李鴻章身任畿疆，任專責重，當董督諸軍，力籌戰守。……若有遷延反覆等弊，是該督臣巧為嘗試，國法具在，自問能否當此重咎。……幷請嚴諭沿邊海各督撫臣力籌守弊，一面留以可和之機，一面示以必戰之局。庶不致臨事倉皇，進退無據，一誤再誤，致墮奸謀」㉔。

(三)第三派的議論

當時對越事措置持異議的，也大有其人。例如翰林院侍講學士周德潤即主張以理折之。他說：「始則援萬國公法不滅人國之義以折之，繼則偏告諸夷秉公而辨論之，使知曲在彼而直在我，則其辭自窮而謀或可中止」㉕。這種主張，他的存心也許至善，但已經不適於時務了。更有存地方成見而且怕事的官員，如粵督裕寬，他以越弱不能圖存，地遠時難兼顧」為理由，主張不予干涉。他這樣說：「顧其國弱不可支，而濟弱扶傾一時若無十全之策。若徒以徒域中之大蒞其城下之盟，既已無益於屬藩，或且有妨於大局，則何如不預其事之為愈乎」㉖？多妙的一篇妙文哩！

繼不干涉主義而又有所謂放任主義的，主張這一說的是外交家郭嵩燾。他認為法國之圖掠越南，目的在於打通富良江，可和雲南通商。而通商互市，在我國又史有先例，如漢之通西域，唐宋之通西洋，設立市舶司，可收到通商的利益。引經據典的說：「歷考古今事勢的，益信明史言：馭邊之要在互市，通夷情，使法禁有所施，省戍守費，誠為有利無弊」㉗。所以他主張與法通商，科以關稅，一方面可免兵費，一方面可增加國用。

郭嵩燾純粹是以商業為出發點，反對用兵。他的理由很多，不過就當時環境看，法人的陰謀，并非全在通商。最主要的目的還是想奪滇桂的資源。所以郭氏的主張只是看到一面而已。

❶中法交涉史料卷二，一頁。
❷王師復：甲申戰爭之始末（海軍雜誌十一卷一期）
❸劉名譽：越事備考略卷首諭旨。
❹光緒諭摺彙存卷八，四〇頁。
❺清季外交史料卷三三，三頁。
❻譯署函稿卷一四，一〇頁。
❼清季外交史料卷三三，三頁。
❽譯署函稿卷一四，一〇頁。
❾清季外交史料卷三二，一四頁。
❿同上書三四卷，五〇至五二頁。
⓫譯署函稿一五卷，九頁。
⓬曾惠敏書牘下卷，四頁。
⓭同書第五頁。
⓮中法交涉史料二卷，九至一〇頁。
⓯劉武愼公遺書一七卷，三三至三八頁。
⓰光緒諭摺彙存八卷，四一頁。
⓱同書八卷，五二至五三頁。
⓲同書九卷，一頁。
⓳同書九卷，二一頁。

⑳請纓日記一卷，二六至三一頁。

㉑張文襄公奏稿三卷，一一至一三頁。

㉒中法交涉史料二卷，一八至二一頁。

㉓聯名上奏的官員共九人，計戶科掌印給事中鄧承修，戶科給事中李鶴達，刑科掌印給事中秦鍾簡，工科掌印給事中鴟純嘏，京畿道監察御史汪仲洵，掌江南道監察御史何崇光，江南道監察御史吳峋，浙江道監察御史吳壽齡，廣東道監察御史陳錦，雲南道監察御史丁振鐸等。

㉔中法交涉史料一四卷，十三頁。

㉕同書二卷，二至三頁。

㉖同書裕寬奏疏。

㉗郭嵩燾：養知書屋文集。

第四章　越南問題的擴大

第一節　抗議與談判

法國侵呑越南，可分爲三個步驟：第一步，先以武力佔領南圻，據嘉定、定祥、邊和、永隆、安江、河僊六省，於一八六二年（同治元年）和越南成立西貢條約。一八七四年（同治十三年）法軍再藉教案，攻取北圻之河內，另立法越和好條約（即第二次西貢條約），法國遂進一步承認越南爲自主國；第二步，不久，繼以武力進攻東京，迫到越南國都順化，於一八八三年（光緒九年）締結續約，又進一步使越南成爲法國之保護國。至此法越關係確定，所差的只是未得到中國的同意而已。於是第三步法國軍事和外交幷用，以求中國放棄越南的宗主權。中法的正面交涉遂起。

㈠曾紀澤在外交上的抗議

中國關於越南事，在外交上提出抗議，是在光緒元年（一八七五年），至光緒六年，清廷始正式訓令出使英法大臣曾紀澤，質問法國圖謀越南的用心。法國總理夫累西內（M. DE FREYCINET）的答覆，法國在越南東京幷無任何企圖。同時法國總統格果夫（GR-E'VY)也作同樣的聲明❶。後曾紀澤在覆呈奏摺中，也提到他辦理越南交涉的經過。他說：

「上年（卽光緒六年）冬間，臣在俄議約，因聞法國有派兵前來越南之議，此卽照會法國外部，幷與法國駐俄公使商犀（CHANZY）晤談，力言越南受封中朝，久列屬邦。該國如有緊要事件，中國不能置若罔聞。本年閏七月間，臣由俄換約事畢，回駐巴黎，又於八月初一日，照會外部，將總理衙門歷年未承認法越所訂條約之意，剴切聲明。日久乃接外部尚書剛必達（GAMBETTA）覆文，措詞雖尚剛硬，然法廷於進取之謀，似已稍作囘翔之勢」❷。

不久，法國新任外長巴泰密（M.BARTHELEMY SAINTHILAIRE)履新，曾氏又就越事質詢，他的答覆是說：「依一八七四年法越條約，法已承認越南爲獨立國」❸。一八八二年一月一日，法之外長易人，剛必達繼任外長，再答覆曾紀澤說：法國在越南有自由行動的權利。同年五月三十一日，夫累西內第三次出任法國總理，態度却大變，他說：法越兩國的事，今後無須再反覆加以解釋了。但是曾紀澤仍據理力爭，幷且聲明說：「無論在上海或巴黎的談判，現在唯一待商的問題，就是中國對於越南藩屬的宗主權」❹。可惜法方自始而終，就沒有接受曾紀澤的抗議。

(二) 中法在外交上的談判

因爲法國不接受中國的抗議，中國對於越南的處理，便感到棘手了。到了一八八三年，法越再度成立條約，而事先越南又沒有徵得中國的同意，中法間的交涉更感到困難。同時法國不斷的在越南增兵，也是中國覺得不安的事。清廷面臨這種處境，除一面飭令疆吏嚴守邊防之外，另一方面就是力謀和平談判。他的原則是「虛與委蛇，相機觀變，再籌因應之方。」

一八八二年，中法進行第一次和平談判。法使者寶海（BOUREE）入京和總理衙門晤談，提及兩國派員商辦越事，并表示越南和中國毗連，應歸爲中國保護。當時總署認爲法國已有讓步，或者事情可以得到了結。不過只有華軍進駐越南一事，法使表示不滿。後寶海向清廷提出三項要求❺。

一倘中國將雲南廣西兵現在屯紮之地退出，或回本境，或離界外若干里之遙駐紮。寶海大臣卽行照會總署，將法國毫無侵佔土地之意，幷將毫無貶削越南國王治權之謀，切實申明。

二法國切願設海自海口以達滇境，通一河路，惟使此路有裨商務，自應上達中國境地，以便設立行棧埠頭等事。前有在蒙自設立口岸之說，今悉蒙自荒僻，頑民聚居之處，不若蒙自下游保勝一口較為便易。且河深利於行船，倘令商船溯江而上，以保勝為止界，則中國應視保勝如在中國境內無異，在彼立關收稅，使洋貨入關後，亦照中國已開各口岸洋貨運入內地章程辦理。中國亦應設法，使雲南境內土物運往保勝，暢行無阻，如驅除盜賊，撤去保勝境上已有關卡之類。

三今為驅逐沿境滋事匪徒，令地面得以治理平靜。中法兩國國家在雲南廣西界外，與紅江中間之地，應劃定界限，北歸中國巡查保護，南歸法國巡查保護。中國與法國互約申明，永保此局；并互相立約，將越南之北圻現有全境，永遠保全，以拒日後外來侵犯之事。

這三項要求，清廷在原則上表示同意，後來寶海也將談判結果，據實報告他的政府。這一來，中法和平談判，本可告一段落。不料適於這個時候，法國內部發生波折，內閣改組，茹貴里（M．JULES FERRY）登台，以寶海對中國讓步太大，撤回寶海，并於次年四月二十六日向國會提出增加越南軍費五百五十萬佛郎，且於五月十五日在議會通過此案❻。中國也因爲越事中變，恐怕法國居心叵測，飭令邊疆嚴加防守，見於上諭說：

「越南事宜，現有變局，亟應密籌防務一摺。現聞法兵已攻破越南之南定，并議將寶海撤回，事已中變，情殊叵測，在我保護屬邦，固守邊界，均關緊要，亟應妥籌備豫」❼。

但清廷并未將和談看成絕望，千叮萬囑邊將「衅端不可自我而開，要必壯我聲威，用資鎮懾，并期實堪備禦，進止足恃，以杜詭謀，而維大局」❽。後李鴻章再度斡旋和談，也就是得到這一啓示。

一八八三年法使德理固（ARTHUR TRICOU）奉命來滬，并在上海遇見李鴻章。時李氏沒有全權身份，只是以大員資格和他周旋。德理固初時的態度很強硬，甚至說出「祇論力，「不論理」的話。後來他的態度雖稍有轉變，處處表示讓步，但清廷始終不給李鴻章以全權，所以和談沒有結果。至同年的秋天，中法外交關係便告停頓，法軍也着着進迫越南北部。至十一月間，法軍攻破山西等省，劉永福軍也崩潰。第二年的二月二十一日桂撫徐延旭奏軍分三路攻北寧，我軍敗北，北寧陷落。守軍退至諒山，雲南岑軍便退守雲南邊境。中法關係遂入於軍事狀態。

第二節　李、福協定及其附件問題

(一)李、福協定的成立

中法對於越事的交涉，到了一八八四年春，正從外交程序轉入軍事行動的階段時，忽然新任粵海關稅務司德璀琳（G. DETRING）帶來和平的消息，中法和平談判，因此頓顯曙光。

事緣光緒十年（一八八四年）三月，清政府任命德璀琳爲粵海關稅務司。德氏於赴粵途中，在香港遇見法國海軍副將利士比（ADMIRAL LESP'S），便受招待於法艦VOLTA號中，與艦長福祿諾（CAPITAINE DE FRE'GATE FOURNIER）相晤，在談及越事時，得知法方的態度。德氏於抵粵後，即將事情轉告粵督，并請急電李鴻章，介紹德氏向李氏面陳一切。李鴻章於接電後，即召德氏至天津備問[9]。德密告法海軍提督擬佔領中國一大口岸爲質；若早日講和，可先電止其本國用兵⑩。福祿諾和李鴻章本有一日之雅，與德璀琳却屬舊相識。所以和談經德氏在中間介紹之下，李、福兩人便於短期內在天津晤面。

福祿諾首先提出法方的意見說：法國在越南的地位，現已成定局，中國不必過問！不過，如中國有意和平，則法國於北圻境界，可將鐵原、諒山、鶴圻、高平，保勝等處讓與中國，同時法政府本欲向中國索償兵費，且擬佔地爲質，這些法國也肯讓步⑪。李氏對於福祿諾的提議，表示同意，乃據實上奏：「似將來此事收束，亦祗能辦到如此地步。若此時與議，似兵費可免，邊界可商；若待彼深入，或更用兵船攻奪沿海地方，恐併此亦辦不到」⑫。到四月十日，清廷便下諭李鴻章辦理中法和談的訓令四項⑬：一，越南世代職貢，爲我藩屬，斷不能因與法人立約，致更定憲。二，通商限於越南，深入雲南內地，應預爲杜絕。三，劉永福軍由中國自行調遣。四，不賠兵費。四月十一日福祿諾也把法方的意見告李氏。謂兵費要索。後經李氏之申駁，兵費算是取消。後雙方締結中法簡明條約，這就是李、福協定（LI-FOURNIER CONVENTION OF 1884）。

中法兩國間都希望漸息這次糾紛，所以會議的進行，也隨着這種心意順利的進行。到了四月十七日（陽曆五月十一日），協定便匆匆的簽了字。在此必須說明的一點，這項條約，是完全由福祿諾提出，當時的李鴻章一方面已奉到西太后的諭旨，不得「遷延觀望，坐失事機」，一方面李鴻章向是主和派的領袖，所以當福祿諾提出他們的要求時，李鴻章只有在維持清政府的「體面」上下點工夫，故雙方的談判，可以說沒有什麼大的爭執，便順利的簽了字，難怪當時福祿諾於事後曾對人說，他「感到滿意」。至於不要求賠償兵費，這是作爲一份禮物來答謝李鴻章，俾加強李氏在滿清政府中的地位，留待以後「宰割」，至於黑旗軍方面，却一字沒有提到。

正因爲有上述原因，所以簡明條約簽字後，國內的反應非常強烈，責李鴻章「老奸巨滑」，「因循誤國」。沒有想到，當時還是西太后出來爲他辯護，所訂條約「均與國體無傷，事可允行」；反責那些譴責李鴻章的人，「不悉原委，措詞失當」，李鴻章也自鳴得意說：「審勢量力，持重待時」，「遇險自退，見風收帆」。話說回來，如果用這種態度來辦理外交，却難怪時人痛責他「老奸巨滑」，「因循誤國」了。

不但如此，條約成功之後，李鴻章又特爲德璀琳上奏，加官請賞，結果德璀琳也如願以償，改穿黃馬褂，加二品頂戴；同時李鴻章本人，亦得到法國政府嘉獎，公開稱李鴻章是「我們的朋友」，而李鴻章也致電法國總理茹費理說：「久仰貴大臣，辦事明決，見識遠人」，又說「彼此爲難之隱衷，兩地心照」。從上述幾句話，我們又覺得李鴻章是大清政府堂堂一位全權外交大臣，是有辱國家體面，故攻擊他的人，說他「卑鄙無恥」；從這次交涉的整個過程說，李鴻章是難辭其咎的。

李、福協定的內容，其條文是很簡單的，有點類似停戰協定。正因爲這個緣故，所以又附有如下的一段聲明：

「茲際人心搖惑，諸事紛紜。故彼此議立以下簡明條款，呈請兩國准定，冀可消釋中法將開之衅端。他日兩國使臣，倣照約內各節，從容會商詳細條款，俾兩國永敦友誼，共享利益」⑭。

約文共有五款，現引錄如下：

第一款：中國南界毗連北圻，法國約明無論遇何機會，幷或有他人侵犯情事，均應保全助護。

第二款：中國南界既經法國與以實在憑據，不虞有侵佔擾越之事。中國約明將所駐北圻各防營，即行調回邊界，幷於法越所有已定與未定條約，均概不置問。

第三款：法國既感中國和商之意，幷敬李大臣力顧全局之誠，情願不向中國索償賠費，中國亦宜許以毗連越南北圻之邊界，所有法越與內地貨物聽憑運銷；幷約明日後遣其使臣議定詳細商約稅則，務須格外和衷，期於法國商務極爲有益。

第四款：法國約明，現與越南議改條約之內，決不插入傷礙中國體面字樣，幷將以前與越南各條約，關於東京者，盡行取銷。

第五款：此約既經彼此簽押，兩國即派全權大臣，限三月後，悉照以上所定各節，會議詳細條款。

(二)附件問題的由來及其所引起的糾紛

從上列的條文看來，中國含有放棄越南職責，和允許法人在滇省通商的兩點，這顯然和四月十日的諭旨有違背，但清廷竟同意這兩點。見於四月十五日的諭旨說：「所擬五條，不索兵費，不入滇境，其餘各條約與國體無傷，事可允行」[15]，其實在協定的第三款所說的「內地」，即指滇省而言，但清廷昧之。本約由法方提出，經清政府的同意，中法關於越南事件，理應卽行了結。但事實并不是這樣，現再說明它的原委。

上述所列約文，文字旣簡單且很含糊。在約文第二款，祇有「卽行調回邊界」的規定，旣沒有明確規定撤兵地點，也沒有確實的撤兵日期。後來本約雖經雙方政府批准，而約文中亟待實行的：一爲中法互派全權大臣，會談詳細實施辦法；二爲撤兵的事。後法總理茹費理電囑福祿諾調查華軍現駐地點和撤兵命令的內容時，福才將茹電轉示李鴻章，另附一函，函中說：

「為遵守此項訓令，避免塞責計，請執事告我，中國軍隊，照其撤兵命令（此項命令當已下），自北圻撤退軍隊回境，何時可以完畢？卽中國軍隊何時撤退過滇、粵、桂之邊界，而將來不復再越此界。此時最重要者，卽使僕得知中國軍隊何時可自諒山、室溪（THAT-KE）、高平、保勝等地，撤退完畢。此時法國米樂將軍候命，至為不耐。[15]」

李鴻章接到這封信後，沒有答覆。福氏定於四月二十四日返國。在二十三日那一天，他親謁李鴻章辭行，問及華軍現究竟調回邊界什麼地方，李氏不能作肯定的回答，只說粵軍似在諒山一帶，滇軍在保勝一帶，都是距離中國邊界不遠的地方。福卽出示法文節略一紙，共三項，都是關於前約的實行辦法。節略第二項是關於北圻華軍撤退日期的規定，譯他原文說：

「二十日後卽五月十三日法軍進至諒山、高平、室溪及北圻與兩粵接境各地接防，同日法海軍於北圻沿海各地佈駐。四十日後，卽閏五月初四日，法軍進至保勝及北圻與雲南接境各地接防。踰期則法軍決然前進驅逐滯留北圻之華軍」[17]。

這項條文，是根據協定「立卽調回邊界」的重新明確規定者，幷將撤兵日期和地點也開列下來。這件事據李鴻章日後答覆福祿諾說：「玆旣議和，應俟詳細條款定後再議辦法。今汝國商令限期退兵，語近脅制，我實不敢應允，亦不敢據以入奏」。可見李鴻章當時幷沒有答應，也沒有簽字，但沒有立刻答覆反對，似乎有不便堅決拒絕之意，這可能是事實。可是在福祿諾個人來說，大概認爲李氏旣予默認，便匆匆離開天津回國，糾紛就在這兒發生出來。

不久，法方果依照福氏在臨行時所提附件撤兵的日期於閏五月初一日（卽六月二十三日），派防軍杜森尼（DU GENNE）部前往諒山接防，見華軍未撤，卽行砲擊。華軍不明眞象，旣未奉命撤兵，爲守土有責計，開鎗還擊，法軍因之大敗。

事情發生後，清政府詰責法軍背約尋釁，法國也叫謝滿祿（SEMALLE）向中國提出嚴重交涉。後法國答覆中國的詰責，認爲中文的譯本錯誤，誤會了約中的意思；同時將協定第二款用法文重抄於覆文中，幷稱福總兵（卽福祿諾）在津議約，另有華軍撤退期限的專約，而該專約經李鴻章批准的。「如貴國洞悉此款中貴國應卽撤回戍兵之意，斷不至有二十三日諒山左右所係甚重之大誤」[19]。清政府一一加以駁斥謂：「協定內所指中國防兵調回邊界，幷未聲明調回的地點與日期，且除協定五款外，幷沒有李鴻章與福總兵所商定的任何附件，「如有此三條，必列五條之後，一同畫押送案，或另具照會聲明，今均無之」。「如云華文翻譯有訛，則條約訂立後，已經互爲校對，而後彼此畫押；旣係校對無訛，又經簽押，自可各以兩國文字互證」[19]。但法國仍堅持有撤兵的附件，而且認爲該附件是福總兵在臨行前交與李鴻章批准的。歸納言之，總署與法國所爭執的一點，是一事實問題，卽協定之外，有無「撤兵附件」存在？我們可從史料再求佐證。

協定之外有無附件的問題，即當時的總署也確實不明瞭眞象。所以事後曾詰責李鴻章說：「福酋前與李鴻章言及擬派隊巡查越境，何以該督幷未告知總理各國事務衙門，殊屬疏忽」㉑。又說「福酋臨行與該督所談巡邊及驅逐劉團各節，何以不早上聞，預爲籌畫，著傳旨申飭」㉒。李鴻章到了這個時候，鑒於國內輿論對他抨擊的厲害，最初也不敢實說。所以他對總署的答覆，凡三次之多，而且每一次的話說不同。

一、游說不實。見於五月二十九日李致總署的電說：

「連奉二十五、二十八電旨，惶悚之至！劉團一節，四月十七訂約摺內早經聲明。至福酋臨行面語巡邊及驅逐各節，已在定約之後，疑為游談不實。業經正言折拒，雖未即上聞，當時已密致岑潘相機進止。究之事踰匝月，在我幷未照約調回，彼亦未免疑慮也」㉓。

二、無撤兵附件。見於閏五月十三日的奏摺說：

「奉五月初十日密諭，前因福祿諾臨行巡邊之言，李鴻章幷未奏聞，亦未言知總理衙門，業經降旨申飭。現在法使即以此為口實，幷以簡明條約法文與漢文不符，藉詞嘗試，無理取鬧，皆由李鴻章辦理含混所致。……查福祿諾臨行時，忽以限期退兵之語相要挾。臣當即正言駁斥，仍飛函密告雲貴督臣岑毓英，廣西撫臣潘鼎新，相度機宜，酌量進止，隨時奏明請旨辦理。緣臣係議約之人，與關外相距過遠，軍情地勢，究以調紮何處為止，非敢遙度。其時適因所議簡約，雖蒙聖明曲諒，而都人士嘖有煩言。若聞福酋又請限期退兵，必更譁譟，徒惑衆聽。臣又明知事難照行，而約款未可遽背，欲令岑毓英潘鼎新查照調回邊界約文，自行斟酌妥辦。實具委曲求全之苦衷，固未敢遽以上聞，致干聖怒，亦未立卽告知總理衙門，疏忽之咎，誠所難辭」㉔。

三、撤兵附件，福酋自行勾銷。再見於六月十二日李氏致總署電說：

「頃奉丹崖電：福呢（卽福祿諾）臨行限期撤兵節略，我謂其挾制不許。伊自將此款勾抹，并加花押為憑。英泰晤士報所言是實。昨令羅豐祿赴滬，將福原稿送巴閱。巴自知理屈願轉圜，望再與茹方辯。至四月十七日草約二款，卽行調回，可早可遲，不得謂背約」㉕。

根據上述事實，可知福祿諾與李鴻章談過關於撤兵日期的事。但當時李鴻章因受「（京）都人士嘖有煩言」，正感到頭痛之際，故對福氏所提附件不予同意，確是事實。據英國名史學家摩斯（H·B·MORSE）的論據，也說福祿諾曾自動的把「附件」畫銷。他說：

「作者聞李相宣稱：福祿諾同意刪去確實的撤兵日期，并允由就地解決。李相幕友曾以福祿諾親手用鉛筆横畫勾銷的撤兵期限的原稿，示諸作者；而作者亦具有該照會的照片附本——此卽經福祿諾簽字的一八八四年五月十七日天津照會送與李鴻章的。一切有關於撤兵日期的節略，都已畫廢，并在撤兵期限的兩頁原稿上，簽上如簽字同一筆跡E．F。字樣凡二次」㉖。

總括上述，所謂「附件」也者，事實的眞象就是如此這般。所以當糾紛發生後，李、福兩人都是主事人有責任關係，力辯自己的過失（福祿諾曾在法國報章上，力辯自己無勾銷附件的行為，有之卽為李鴻章的偽造。筆者曾遍找中西書刊，冀能找到福氏當時在報端上發表的資料，以享讀者，但是苦無所得）。不過，我們就事論事，李鴻章當時沒有堅決拒絕，充其量只是「疏忽」而已；或者這是李氏的外交手段，也有可能。所以，在法律上，他可不負任何責任。因爲附件即使當時不是福祿諾自己勾銷，未經李氏簽押之文件，就外交慣例說，未經雙方代表簽字，或動用文件承認的任何東西，在法律上是不生效力，事理至爲明顯者。但是，法方強詞奪理，持強蠻幹，才讓戰事擴大開來。

第三節　觀音橋的衝突

由於李福協定附件問題的糾紛，引起了觀音橋的軍事衝突。事緣閏五月初一日（六月二十三日）法軍以巡邊爲名，開往諒山附近巡邏。見中國駐軍沒有動靜，便開炮射擊。桂軍不知眞象，既未奉令撤兵，又不便擅自退讓，便予抵抗，法軍大敗。見於粵督張樹聲致總署的電文說：

「初一觀音橋之役，法與我軍鎗砲互擊，相持自下午至四更；我軍弁勇傷亡三百餘名，法亦傷亡不少，初二日未動，初三日下午法大股來犯，方友升援軍適至，王德榜、方長華所運子藥米糧亦到，軍心益壯，遂獲大捷。殺法數千餘，生擒多名，奪獲器械馬匹甚多，法隊退屯牙離觀音橋三十里」[27]。

法政府聽到這個消息，大爲震怒，咬定是中國背約。所以在外交上即向中國提出嚴重抗議；在軍事上調集大軍駐於諒山一帶。我國疆吏後知觀音橋之役是出於誤會，即設法挽救。桂撫潘鼎新曾派胡弁照會法國官員，說和議既成，不可再開衅端；如果要派員游歷，我方可善爲保護。但法方置之不理，且大言不慚，說和與不和，三日必要諒山，桂軍知事情不易轉圜，唯有繼續抗戰，聽候中朝的解決。

第四節　和談破裂

觀音橋之役，既出自誤會，如法國有意和平的話，和平的途徑還很多。總署方面仍採「相機收束」，對法方表示也認爲「諒山左右之事，兩軍致誤之由，所聞互異，此時未能查悉，而其非中法兩國之意，非兩國大臣之意，則明明可見」㉘。所以新衝突發生後，中國始終仍願意和平，幷請兩方互相約束在越軍隊，靜候會議去解決。但法方態度極爲強硬，法使兩度給總署的照會，都是要華軍立刻退回華界。如果不全撤退的話，那末法海軍則出動北擾，據地以索巨款。可是總署再三向法國解釋，謂中法簡明條約第二款的「即行」二字，應從廣義方面解釋，因爲在條約的第五款有明白規定，在三個月後互派全權大臣商議決定之。總署雖言之滔滔，然而不是辯論條文的時候了。

閏五月二十三日（七月十五日），法國向中國致最後通牒，堅持要華軍退出北圻，幷賠款至少二百五十萬萬法郎，限於七日內答覆㉙。第二日總署即答覆法使說：法國自討賠款，有違背條約第三款的規定，中國不能承認。但是法方以兵力爲交涉的後盾，不許他馬上發動戰爭，責法國有妨礙中國的體面。處此和戰兩難的時候，賠款問題便成爲當時大局的關鍵。清政府明知和戰有困難，但戰爭並不是辦法，所以不得不仍從和字着手。派兩江總督曾國荃爲全權大臣，赴上海與法使巴德諾（M．PATENOTRE）會商，同時派陳寶琛爲會辦，以蘇松太道邵友濂，四川候補道劉麒祥等隨同辦理。清廷給曾國荃的訓令有三項：㈠不能賠兵費。㈡越南照舊封貢。㈢分界應於關外留出空地，作爲戍軍的斥堠㉚。和談進行，法方對賠款極爲堅決，且表示如中國原則上不允賠款，則斷絕商談。

清政府爲使和談有轉機，又派總務司赫德（R.HART）從中調處。但調處的結果，賠款的數目可以減少，但不能完全取銷。最後巴大使向曾國荃提出三項要求㉛：㈠革劉團職，拒不與聯。㈡賠款二百五十萬萬佛郎。㈢交款日期及地點的規定。曾國荃爲和議轉圜，幷得李鴻章的授意㉜，允付法方五十萬兩（合佛郎三、三〇〇、〇〇〇）爲撫卹金。法方因未答應，而清廷聞訊，却嚴詞制止，幷加申斥，上諭說：

「曾國荃等遽許法國撫卹銀五十萬兩，雖係爲和局速成起見，然於事終無所補，徒貽外人笑柄而已。且法使尚言須聽本國伯理璽天德之命，而中國大臣反輕自啓口，撫許卹銀，實屬不知大體」㉝。

雙方意見懸殊，交涉更覺得棘手。

後總稅務司赫德建議邀請列國評議，總署採納他的意見，邀請英、德、美三國出面調處。但當時願意出面的只有美國。美參贊何天爵（CHESTER HELCOMBE）曾就這件事評論說：

「……應該法國賠償中國，中國斷不能賠償法國。即將來立約時，亦不可允他。至撫卹一層，尚在情理之中。但必須兩邊比較，譬如法人死者三十人，每名應給卹銀一百兩，中國應出三千兩；中國人死者有一百人，每名應給卹銀一百兩，則法國應出一萬兩。此係天公地道之辦法」㉞。

何天爵的話，只可當爲同情中國，而對於事實是沒有絲毫裨益的。但清廷以爲美國可靠，美國也滿以爲何天爵的辦法很好。後法國不接受美國的調處的消息傳出，美使又替中國擬具對策：㈠不可賠法國無名之費。㈡仍請美國調處，以理折之。㈢自燬閩省船廠，免爲法國使用。這種對策，只是給清廷一種助興，不能視爲有補於事。

法國既不允美國的調處，總署知道和平接近絕望，便電曾國荃注意其事，如和談決裂，「亦須明定戰期，不得暗行詭計」㉟。

六月十八日（八月八日）總署仍致法使照會，詢問和談進展，對和平還作最後努力時，法國出於中國無備，不宣而戰，進兵攻下台灣的基隆㊱。作爲索取賠款的抵押品，且威脅中國說：「前議四百萬卹款，中國不允，現在情形不同，改卹款爲邊界經費，加至一千萬兩。如中國不立刻應允，仍分十年清還。……基隆亦卽還中國；如不允，定要轟奪船廠，并福州省，再駛船北來索款，到那時候，台灣地方卽歸法國，是不退還了。」㊲

清政府以法國竟在和平談判期間，卽出兵奪我基隆，未免欺人太甚，也極爲憤怒。除詔示曾國荃停止和談外，於七月六日（八月廿六日）宣佈對法作戰，中法全面戰爭因之爆發。

❶H.B.MORSE IBID P.P 347§9
❷曾惠敏公奏疏四卷，四頁
❸❹H.B.MORSE IBID P.P.348
❺中法交涉史料三卷，二十五頁

❻H.B.MORSE IBID P.P.350§12

❼❽中法交涉史料三卷，三十八頁

❾H.B.MORSE.IBID 350-353

❿見清季外交史料四〇卷，五頁

⓫同上書七頁至十頁

⓬譯署函稿十五卷，三十二頁

⓭清季外交史料四〇卷，二十七頁。諭李鴻章辦理中法和議電。

⓮中法交涉史料一五卷，一二頁

⓯清季外交史料四〇卷

⓰LIVRES, JAUNES, 1884 AFFAIRES DU TONKIN（本段譯文引張鳳岐著雲南外交問題）。

⓱譯署函稿一五卷，三十五頁

⓲中法交涉史料一八卷，十六頁

⓳⓴同書十三頁

㉑同書十九頁。五月二十六日總署致李氏電。

㉒㉓同書二〇頁。五月二十九日總署致李氏電。

㉔李文忠公全書奏稿五〇卷，二十頁

㉕同書電稿三卷，十一頁

㉖H.B.MORSE, IBID P.P.354 FOOTNOTE 81

㉗李文忠公全書二卷，二十一頁

㉘中法交涉史料十八卷，十三頁

㉙清季外交史料四二卷，三頁

㉚同書四三卷十一頁

㉛電稿三卷，七頁

㉜六月初二日李氏致江督曾國荃電：「……內意似欲外間任謗，公當相機爲之，俟查有誤處，議償卹聊作騰挪，或至萬不得已時，無論曲直，求恩償數十萬，以卹傷亡將士，似尚無傷國體」（見電稿三卷二頁）。

㉝光緒諭摺彙存九卷三十六頁

㉞見海軍雜誌十二卷一期甲申戰事始末

㉟電稿三卷十七頁

㊱法軍進攻基隆，是在六月十五日（八月五日）八時。以砲船五艘擊基隆砲台，十二時砲台粉碎，卽告淪陷。

㊲法使對赫德的談話。

第五章 中法兵事始末

第一節 鎮南關大捷

中國正式對法宣戰，是在一八八四年八月二十六日（卽光緒十年七月六日）。當時陸戰重心在兩粵邊境，總指揮官彭玉麟，岑毓英、張樹聲等副之。守將徐延旭駐諒山，唐炯駐北寧，馮子材扼守鎭南關。戰事爆發的初期幾個月，戰況極爲沉寂，間中發生小接觸，所以不分什麼勝負。一直到十二月，越北戰事才漸漸的熱鬧起來。初期淸軍仍處處受虧，見於桂撫

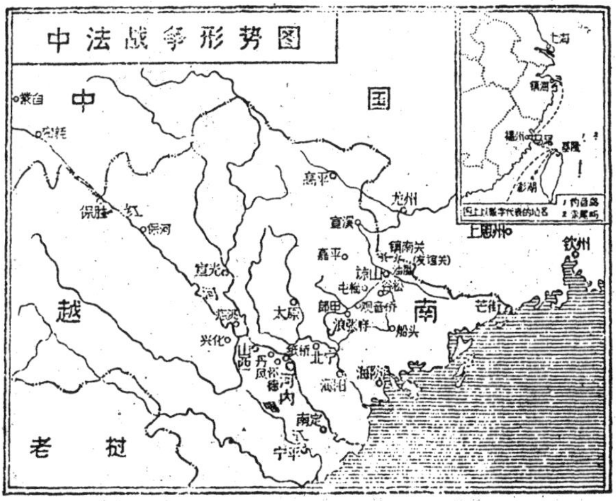

潘鼎新除夕的電報說：「法以大股專攻一路，自十九日至二十八日越十晝夜，蘇元春與淮軍拼命血戰，糧、藥俱缺，精銳傷亡殆盡，各路援軍未趕到。二十九日法軍至諒山，蘇軍焚城而退，現分駐邊界，敵勢甚衆，情甚可危」❶，這是實在情形。

法軍向越北下總攻，是在十二月間得到海軍援助而發動的。法軍來自海防，十九日攻谷松，二十九日諒山即告淪陷。第二年正月初九日入據鎮南關，桂軍將領楊玉科陣亡，董履高重傷，全軍潰退。惟蘇元春和陳嘉的六營兵士，還算完整。所以法軍於佔領鎮南關後，不敢孤軍深入，除留一小部人馬屯鎮南關，大隊抽回固守諒山，并在離鎮南關約十里的文淵地方，安築砲台。時清軍實力單薄，且秩序欠佳，當時商民極感不安。彭玉麟也承認其事，說當時「商民驚徙，遊軍肆掠，逃軍難民蔽江而下，廣西全省大震」❷。幸馮子材軍和王孝祺軍及時先後趕到增援。馮子材素爲桂越人士所敬仰，得知馮軍已到，衆心稍定。十一日清晨法軍聞訊，也焚關自退了。

當時清軍的佈陣，是在「關內十里之關前隘，跨東西兩嶺間，督所部築長牆三里餘，外掘深塹。爲扼守計，謂桂軍宜稍養銳，自（指馮子材）任以所部萃軍守之，營於半嶺，令王孝祺勤軍屯於其後半里許爲犄角。當是時幫辦軍務署廣西提督臣蘇元春毅新軍，陳嘉鎮南軍，俱屯幕府，在關前隘之後五里；蔣宗漢廣武軍，方友升親軍，俱屯憑祥，在幕府後三十里；潘鼎新率鼎軍屯海村，在幕府後六十里；魏綱鄂軍屯艾瓦，防艽封，在關西百里；王德榜定邊軍屯油隘，專備鈔截，兼防入關旁路，在關外東三十里；獨廣西軍兩枝當中路前敵」❸。

清軍佈防就緒，桂軍補給也漸次復元時，法軍擬從扣波襲擊艽封，再攻牧馬，斷唐景崧馬盛治兩軍的歸路。得報後蘇元春率軍會同魏綱趨艽封，馮子材派兵五營扼守扣波。二十七日那天，法騎兵數十，果襲艽封，知我軍有備驚走，被扼守扣波的馮軍突擊而大敗。是役獲馱軍大象一隻，活擒法兵二人。二月初二日，法軍再爭扣波，遇馮軍，脫下衣帽懸於樹上遁去。

法軍兩度戰敗，便揚言於初八、九日寇關。馮子材却預料法軍必於初七日（星期一）出兵，主張先發制人。但多數守將不贊成馮議，潘鼎新也以「士氣未復」制止。馮子材力爭，率王孝祺軍於初五夜出關襲敵，從五更戰至初六午刻，王孝祺的馬被擊中，易騎再戰，并率領敢死隊，從後山攀崖而上，奪得法軍二堡壘，法軍傷亡很多，我軍死傷也不少。

初七那天，法軍果傾諒山駐軍入寇鎮南關，撲至關前的長牆，以開花砲隊循東西兩嶺逼來，中路的步兵，更以猛烈的炮火直衝。馮子材和王孝祺身先士卒，奮力指揮抵抗，砲聲震天，遠在七八十里之外的地方可以聽到。根據當時的戰報說：「槍彈積陣前者至寸許」，戰鬪的激烈，可想而知。這一役，我軍的傷亡很重，長牆東嶺失去了三個據點。午後三時多蘇元春軍趕到；王德榜軍亦自油隘來擊，據文淵的對面山，截擊法軍的糧食和軍火的補給。戰火直到入夜後才停止，但雙方仍堅守陣地，沒有退却。

初八早晨，大戰又起，法軍的人數更多，砲火也比昨天繁密。我軍佈陣：馮子材負責中路，蘇元春協助；王孝祺任右翼，陳嘉、蔣宗漢居左翼。左翼是東嶺，砲火特別猛烈。馮子材曾與諸將領相約，如有後退的，不管是將領或者是士兵，通通槍斃❹。所以在各路設卡，截攔怯敵兵士，遭馮、王兩人鎗殺臨陣退縮的兵士有數十人。敵砲火利害，且來勢頑強，長牆一度爲數法軍侵入。馮子材見勢危急，雖年近七十歲的老頭，身穿短衣，脚履草鞋，跳出長牆，手持指揮刀大叫。他的兩個孩子：馮相榮、相華奮勇向前，打開柵門，兵士洶湧而出，適關外游勇千餘人，聽到馮子材親自督戰，自來助陣；馮軍在扣波的五營，也從西路趕到，夾攻法軍的背面；王孝祺部將潘瀛，率衝鋒隊衝入敵陣，死傷極大。陳嘉也受傷。至下午五時多，王孝祺才將西路法軍擊退，王德榜軍從關外夾攻東嶺之背，奪回前被佔的三據點。法軍經兩日的苦戰，彈藥既盡，補給斷絕，頃刻間砲聲停止，拔隊潰退。我軍乘勝抄擊，法軍敗得如落花流水。據桂撫潘鼎新初九日的報捷電報說：

「初七日法寇大股分三路進關，猛攻馮提王鎮營壘，鏖戰良久，失砲台三座，馮、王戰愈力，申刻蘇提，蔣提援兵大至，合力堵剿，奪回砲台。

初八日，法加兵大戰，四軍悉力分剿勝仗，追賊出關，割取首級一百餘，傷賊一千餘人。自越中用兵，未有如此大捷者」❺。

初十日，馮子材親率十營出關，攻文淵，法軍聞風遠逃，結果擊斃紅衣法酋一人，文淵收復。文淵州長，越人也，有通馮的嫌疑，法軍臨撤退時，把他剖腹。十一日無戰事；馮子材調集三路兵馬，十二日，我軍向諒山推進，法軍固守諒山城，和諒山城對面北岸的驅驢鎮。驅驢鎮有王德榜過去所築的堡壘，非常堅固。十二日清晨王德榜攻驅驢，兵士死傷多人，惟擊斃法軍六畫兵總一人；至午後，王孝祺軍趕到，合力攻擊，法軍棄鎮涉水逃入諒山城。十三日雄雞剛報曉時分，馮軍部楊瑞士、劉汝奇等便偷渡諒山河，襲諒山城，至八時左右，諒山城收復。法軍指揮官尼格重傷❻，并獲得法軍的軍火和糧食很多。

十五日，陳嘉、王德榜攻克谷城，斬三畫法酋一人；馮子材軍追擊法方殘軍至觀音橋，幷毀其陣地，再克復屯梅，逼攻郎甲，生擒五畫法酋一人，斬三畫法酋一人。越北經過這數日來的惡戰，我軍把去年駐防地，盡數收復了。

查這一次的戰鬪，它的意義重大，我軍不但將文淵、諒山、長慶、觀音橋等失地收復，而且成爲中法後來交涉的絕大關鍵。關於是役的詳細戰報，在彭玉麟的奏摺，錢塘汪氏振綺堂叢書第二集，和林繩武馮勇毅公神道碑等書，都有大同小異的記載。不過，彭玉麟是這役實際負責的長官，他的記載是比較可信的。

第二節　馬江海戰

馬江是在福建省閩侯縣東西的鼓山之下，又名馬頭江，俗稱馬尾港。爲閩江的下游，也是福州的外港。此地山高水深，可以停泊巨艦，形勢是非常險要。

中法馬江海戰，爆發於光緒十年七月初三日，中國還未對法宣戰之際。當時以中法海軍實力比較，中國是不及法國。但是中國如能積極備戰，同時各省長官，意見一致，或者可以固守馬江或其他港口，不致一敗塗地到這般田地，如下我將談一談海軍備戰的糾紛情形：

(甲)備戰的糾紛

法國想利用他較優越的海軍威脅中國，在上海和談進行時便開始。當時他襲擊台灣基隆的目的，就是一面想據地要脅；一面取得軍艦燃料（煤）的補給。但這兩項目的他都沒有達到，煤礦早爲中國封存，他之登陸部隊，不久便被我曹志忠部隊所擊退。於是他轉移目標，想佔馬江造船廠，以爲他日蹂躪江浙的資本。

法海軍之這一陰謀，中國早就洞悉。當天津和議時，政府已飭令各海口積極防備。但軍艦數量有限，各省長官成見又重，致有「捉襟見肘」的現象。當時海防以福州爲最吃緊，它的防務也最單薄。新任負閩海防務的張佩綸，於到任後不久，即將這種實情，呈報上峯，他的奏摺說：

「……省城以壺江南菱為第一門戶，長門金牌為第二重門戶。敵船既越各砲台，而至馬尾，深入百餘里，若止一二輪船，彼雖足制船局之命脈；然身在圍中，諒亦未能如連䑸而至，一旦決裂，我電未至，彼信先回，出我不意，登岸擾犯，則砲台之軍不及入援，南台之軍亦難輕渡，船局勢殊岌岌，則以閩省師船既少，水上亦無游擊之軍故也。臣張佩綸到閩甫及十日，與督辦船政臣何如璋，商增揚武兵船，炮勇尚未點檢入操，現已撥該船及福勝兩炮艦調赴馬尾，保護該處。原有陸兵兩營，水師一營，復令參將楊廷耀，將南台所有漳泉精壯，悉數編集成軍，扼紮馬尾左右，與水上軍犄角。長門金牌炮台，本有張得勝九營，方勳兩營，現已抽調分駐興化，澎湖等處之潮普三營，分布要隘」[7]。

法國軍艦於光緒十年閏五月二十二日駛入馬江，入口一艘，擱淺於楊嶼，嗣於二十六日開往香港。但續來四艘，法國海軍司令孤拔便於這次同來。法軍艦除停泊馬江的之外，在馬江口外，還有法艦一艘，同時陸續增援。以戰鬭力量說，當時中國在閩的軍艦，萬不如法國。

因形勢懸殊很遠，爲安全計，第一應把馬江口封鎖，隔絕法艦的出入；第二向各省請求派出軍艦協助。但封鎖恐妨礙他國商船的出入，政府仍抱和談，也不願出這手段，所以唯有求援一個辦法而已。張佩綸向南洋請調超武，浙撫說：浙船只有兩艘，「他省輪船甚多，取給於浙省最少之船，浙防亦緊，脫有疏虞，咎將誰執」；再向江南請調開濟，曾國荃又說：開濟萬不可開走；又向北洋請調兩艦，李鴻章也以北洋防務重於南洋的話，拒絕調動。張佩綸急得無法，只有大罵曾國荃。他給總署的函件中說：「甚矣曾之膜視閩務也，滬僅法船一，華船則六；南洋十五船無可分，欲閩三船敵法耶！……人云船活台呆，但船亦呆矣」。因爲張佩綸請調船不動，便上奏請將各艦長軍前正法，這樣更引起曾國荃的不滿。

當時中國海軍實力單薄，南北洋務同樣吃緊，這都是事實。但調艦不動，地方的成見太重，也是實情。不過，總署是全國軍事最高機構，不能全盤打算，只是來一稟轉一奏，命令不行於全國，這是很可惜的事。它對於閩務一籌莫展，只採用最後的一種辦法，「法如攻我，可立轟船廠，免以資敵」而已。

此外，還有點也可以說明當局「戰無主策，和無原則」的昏庸。當閩省形勢還未十分緊張之際，張佩綸等電請封鎖港口，總署因鑒於國際關係，沒有答應。但等到孤拔來了，又想實行封口，藉此威脅孤拔，使之招降，他之不量力竟到了這一地步；忽然下令各省待和不動，忽然命令各省見敵即擊。古今來沒有像清廷措置軍事的糊塗，所以難怪戰事一發，就是手忙脚亂，等到兩軍正要交鋒，而溜的溜走，船沉的沉沒了事。

(乙)中法海軍實力比較

在馬江一役，中法海軍的實力，是相差得太遠。根據當時人的估計，在華的法艦隊有鐵甲船四艘，巨型巡洋艦七艘，中型巡洋艦五艘，小型軍艦五艘，運輸船十三隻；陸戰隊一萬二千人。此外在越南東京的有小砲艇二十多艘。自局勢緊張後，法擬再派護甲艦六艘，巡洋艦四艘，運輸艦二艘❽。但據更可靠的記載，說當時實際參加這役的法艦只有八艘，其中二艘是裝甲艦，總排水量爲一四、五一四噸。此外還有水雷艇二艘，兵士一千七百九十名，除攜有大量的新式機關鎗外，還有七十七噸重裝甲大砲❾。

至於中國方面：有戰艦十一艘，其中九艘是木船，共六、五〇〇噸，水兵一千零五十四人，攜有砲四十五尊，大口徑的砲很少。除此以外，另增舊式蚊船和快艇十三艘❿。當時中國名將：穆圖善守長門，張佩綸駐馬尾，張成爲司令，總兵蔣炳南爲隊長。在港軍艦有揚武、砲艦福勝，外調和差遣的有振威、伏波、福星、飛雲、濟安、藝新、建勝；在塢的有琛航、永保。以揚武爲旗艦。

(丙)馬江海戰紀實⓫

上海和談進入最後階段，戰雲已滿佈馬江。雙方兵艦嚴陣以待了。七月初一、初二連下大雨兩天，潮水驟漲。當時法艦停泊在羅星塔（馬江中的小島）下游的有三艘，我方以振威、飛雲、濟安三艦拒之；停泊在羅星塔上游的法艦也有三艘，其中有孤拔的旗艦一艘，我方以揚武、福星二艦拒之。法之二艘水雷艇，就停泊在他旗艦的旁邊。伏波、藝新泊於揚武的西南面，福勝、建勝泊於揚武的旁邊，琛航、永保泊於船廠前。以上各艦所拋錨的位置，都是司令張成所指定的。這種佈局，老於海軍有經驗的人認爲不當，便向張成建議疏調。但張成不以爲然，就是張佩綸也認爲是怯敵的言論。

初一日，法軍通知英美兵艦離開，英領事將事情轉知總署，但秘而不聞。法又向張成遞送戰書，張成告訴何如璋，璋也秘而不發。

初二日，各國領事商人都紛紛下船，大家知道戰事馬上發生，即向張佩綸等請求備戰，張氏反而面斥他們。稍後有洋教練邁達，告訴學生魏瀚，明日開仗，但魏瀚怕張佩綸的暴燥，也不敢轉達。

初三日早，法軍復照會於未刻（下午一時至三時）開戰，張佩綸才倉惶失色，派魏瀚向孤拔求情。魏走到途中，炮聲既起。當時剛好

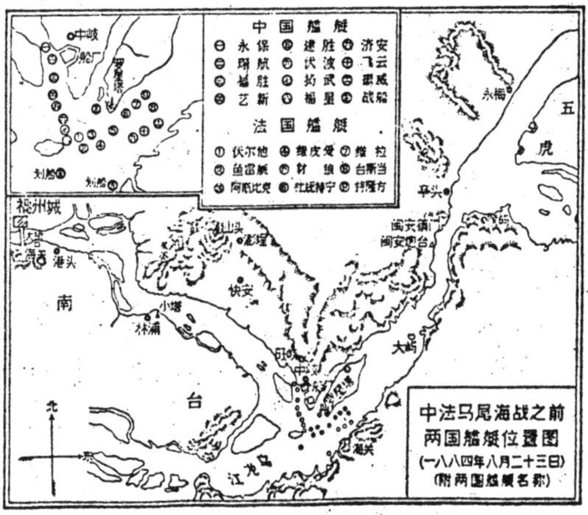

中法马尾海战之前
两国艦艇位置图
(一八八四年八月二十三日)
(附两国艦艇名称)

是二點左右，潮水漸退，法旗艦先升起黑點白旗，不久又升起紅旗，敵艦炮火便齊向我艦襲來，我方各艦，才急忙斫斷錨鍊，匆匆迎戰。法艦都有護甲、有雷魚、有機關炮、有通信旗號等，而我方軍艦，全無這種設備；而大砲多是舊式，前膛沒有護身鐵板；船身沒有護甲，機器都是直立安置，且都在水平面上的，只要敵人的炮彈擊中船身，船很快的就會沉沒下去。

在羅星塔下游停泊之我方三艘兵艦，先受襲擊。振威艦長許壽山，在望台指揮，開炮最多，法艦也集中火力襲擊振武的機輪，輪葉被擊中，許壽山及大副梁祖勳飲彈殉職。飛雲、濟安，錨鍊還未斫斷，已中彈發火。飛雲艦長高騰雲，和大副謝潤德，輪機長潘錫基，二副馬應沒，以及士兵四十多人，都同時殉職。濟安中彈後，船身漂沉在青州港，死亡士兵數人。

羅星塔上游的各艦，揚武是旗艦，最受法艦的注意。所以在酣戰中受到魚雷襲擊而沉沒，艦長兼司令張成乘小艇逃走。福星見揚武吃緊，趨前來救，鎗彈如雨下，艦長陳英屹立作戰。他的隨從請他急駛上游，英瞋目怒視，斥他說：「欲我遁耶」？下令衆士兵說：我們吃國家的俸祿，應該視死報國。兵士爲之感動，奮勇上前殺敵。無奈福星艦上的炮火薄弱，卒不能禦敵，陳英飲彈殉於望台，三副王漣繼之殉職，不久藥庫中彈起火，兵士投水，陣亡七十多人。

福勝、建勝兩炮艦，隨福星而前，但船小砲大，行動不靈。建勝發炮曾擊中法旗艦，孤拔因此受傷。後建勝艦長林森林殉職，船也沉沒；福勝則船尾起火，砲手翁守正發炮打中敵艦，卒又飲彈身亡。艦長葉琛最後殉職，船也沉了。伏波、藝新二艦，也已受傷，知不能敵，急轉舵向上游駛去，法艦追來，轉舵還炮，法艦始退，但兩艦擱淺沉沒。

這一役除海戰之外，駐守馬尾的陸軍和羅星塔的砲兵，都伏溝助戰，相持到下午七時才停止。是日苦戰的結果，我方沉沒船隻共九艘。法船受重傷的一艘，沉沒的有大小船各一艘。

初四日早上，法艦四艘又駛至船廠前，排砲猛烈攻擊，擬强迫登陸。我陸軍方勳移屯船廠的左山腰，黃超群兩營紮於船廠後山脚，他們協力禦敵，船廠卒被燬過半，阻敵不能登陸，戰至傍晚七時才停止。

張佩綸、何如璋兩人，同是閩省長官，且口口聲聲說他人怯敵。誰知當砲聲剛起，他兩人却溜之夭夭。是日恰好大雷大雨，張佩綸從船廠後山逃出，泥濘路滑，由親兵扶着跣足而行。行抵鼓山麓，被鄉人所拒，匿於禪寺。第二日到鼓山的彭田村。何如璋聞砲後，就向會城逃走，路經磕坑，也給鄉人拒絕入村，後憩於村祠，又爲村人所逐，踉蹌情形，有如喪家之狗。

初五日，法艦八艘和大小輪船六隻，開往馬江下游，攻長門砲台。被守軍穆圖善擊中敵艦一艘。初七、初八兩日，法軍再攻長門，企圖出去，又爲穆圖善擊中一艘。初九日法艦六艘大擧再攻長門，經閩安鎭，擊沉法之魚雷艇一隻。法艦過長門後，金牌門要塞毀⓬。

這一役值得我們注意和檢討的，就是法艦司令孤拔之死的問題。根據當時作戰人員說：孤拔是於七月初三日受重傷而致命的（見張佩綸奏摺），但何如璋却說孤拔死於長門的炮火中。英人摩斯（H・B・MORSE）又說孤拔死於六月十一日。甚至傳孤拔是死於吳淞砲台（見曾國荃奏摺）議論紛紛，莫衷一是。但孤拔是死於中法戰爭期間，這是事實，所以有關孤拔之死，至今仍爲歷史上一個謎⓭。

其次，關於張佩綸、何如璋怯敵潛逃的事，清廷初期不明眞象，曾傳令嘉獎他們兩位。而這兩位閩省最高長官，在「却之不恭，受之有愧」下，被清廷知道他倆是冒領戰功，才被革職查辦。

第三節　江浙海戰

江浙方面告急，是在馬江之戰之後。七月初九日上海得到情報，說法艦二艘將藉送信爲名，來滬另有企圖。大北電報公司也接到閩方的電報，說法司令卽將率艦入長江，且已僱定引水人在吳淞等候。同日北洋也有電：「法艦必來吳淞口，入長江，燬我兵輪水師」，促疆吏注意。江浙方面的形勢於是緊張起來。吳淞奉命堵塞，幷下令沿海各口守將，看見法艦便予射擊。

這時法國已封鎖台灣海峽，台灣防務又吃緊。李鴻章奉電旨調撥北洋兵艦來閩護台，同時致電江督曾國荃酌派兵艦。他的電文說：

「本日電旨調船赴台，諒已奉到。北洋僅有超武、揚威二快船駐守旅順，此外輪船皆小，不能在海上禦敵。尊處開濟、南琛、南端三快船及鐵脅等船，如能商李與吾統率出洋，護送江陰未去之營，探路前進，鴻亦擬派丁汝昌率兩快船南來會齊，相機幷進，祈酌示」⑭。

但李鴻章個人，始終認爲中國艦隊不是法國敵手。故遲遲不允將北洋兵艦派出。他致總署的電還說：「……鴻等若不問能否？冒昧行事，再將此數快船被敵刦奪，損威無濟，徒爲閩廠之續，後悔何及」。後台灣防務日緊，李鴻章不得不派出超勇、揚威兩艘快艇來滬，會同南洋所派開濟、南琛、南瑞、澄慶、馭遠等艦，準備南下。

南下的幾艘兵艦，後因法艦沒有蠢動，台灣防務稍懈，數月來都留在上海。一直到十一月，朝鮮金玉均叛變，超勇、揚威二艦，才又調赴朝鮮。其他南洋五艘，奉旨相機東渡。以開濟管帶吳安康爲司令，常務處的丁華容爲副司令，駐澄慶號。從吳淞口望南駛出，沿途巡邏。至月底（十一月）到達浙江的石浦口停泊。二十九日夜，有漁人來報告，說口外來有法艦多艘，請爲戒備。時已深夜，且大霧迷濛，不能開行。天將亮，便起椗南行，遠見黑煙冒起，知是法艦，吳安康旗令各艦備戰，加速馬力前進。開濟、南琛、南瑞三艦的速度，每小時十六浬，澄慶行十三浬，馭遠僅十浬。因速力不同，等到法艦漸次迫近，距離約四五千碼時，吳安康下令澄慶保護馭遠，自率三艦飛駛北上入鎮海口。澄慶本在馭遠之前，因奉命保護馭遠，須稍爲等待，和馭遠排行。二艦便順潮駛入石浦口。法艦七艘趕到，泊於南口的三艘，北口的四艘，封鎖我艦出路。丁華容急電江督請援，不得覆。法軍曾以雷艇試探，希望華官獻船。并以大砲移置近島，作居高臨下威脅我方。石浦鄉民大驚，地方官也怕法軍用炮轟擊，殃及村莊。澄慶艦長蔣超英，馭遠艦長金榮，也因爲呼援無着，法艦緊迫，村民又很多責難，便將兩艦鑿沉，以防資敵。但又怕政府處罪，揑詞爲敵人水雷轟沉具報。曾國荃轉呈總署報告：「據馭遠雲云：初一早五點鐘，澄、馭兩船，在石浦港內被魚雷轟沉，人未多傷。……兩船僅見桅，法船仍在石浦洋面游弋」。後開濟、南琛、南瑞三艦，奉命調回上海，因鎮海形勢之危急中止。

光緒十一年正月十五日，鎮海海戰開始，南琛砲擊法艦，打斷它的桅桿，開濟擊中另一艘的機房，戰況相當劇烈。爲加強鎮海方面的海防，張之洞曾代電總署，請調北洋快艦助戰，電報說：

「竊謂此時宜速調北洋快船二艘，輔以划船三艘，飛速南下，與我三船合勢，上則變之於舟山，次則援三船以凌港。八船結隊，擇要屯泊，相機戰守，局勢便活，若再逡巡，恐不及十日後，法或另添大輪，或修整完固，三船勢孤，恐為所乘」。

這建議又爲李鴻章所阻。鎮海方面的戰事，只得獨力與法艦相持，從十五日到月底，使法軍一籌莫展，這是吳安康調度適當，和作戰堅決所得的戰績。是役的詳細戰報，見於曾國荃向總署的報告書。因文字太多，現摘述它的大要如下：

十五日，法艦四艘，欺我只有三艦，想以他的優勢消滅我軍。先用一小輪破浪而來，被鎮海砲台擊退。接着又有大黑艦一艘，率三艦前來，來勢頗兇，鎗彈如雨，黑煙迷人，與我軍相持達三時之久。南瑞艦首將敵艦一艘的頭桅擊斷，不久開濟打中孤拔所乘的旗艦，法艦便相率退出，在游山下抛錨。

十六日，受傷的法艦拖往日本修理，鎮海口只泊三艦。入夜，敵曾兩次放魚雷艇進口，又經我軍擊退。

十七日，法艦又來犯，被砲台守軍與砲艦合力轟擊，命中帶頭一艘的烟囱，和一艘的後艄。

十八日，大雨無戰事，我軍嚴密佈防。

十九日夜，法兩艘登陸艇，企圖在南洋登陸，被我軍發覺，把他們擊退。

二十日至二十五日的數日內，法艘來去無定，沒有大的衝突。

二十六日法艦增加三艘，泊於七里海外，沒有什麼動靜。

上述是中法戰爭的一個大概形勢，就戰事的本身說，中國除馬江海戰略有損失外，其他各戰場并沒有眞正敗過大仗；鎭南關一役，把法軍打得如落花流水。但消息不靈通，清廷的昏昧，結果在和談重開時，把安南宗主國的權利，拱手送予法國，在中國外交史上留下一個黑點。

馮子材

在鎭南關戰勝法軍時映像

❶電稿五卷，五頁。

❷❸光緒諭摺彙存十卷十六頁彭玉麟奏摺。

❹關於馮子材面諭諸將領不能臨陣退却事，在馮勇毅公神道碑內說得很詳細。

❺同註一

❻據香港十五日電：我軍敗法於諒山，其元戎尼格理（DE NEGRIER）受重傷。

❼引海軍雜誌十二卷一期，甲申戰爭之始末一文所引。

❽見甲申戰爭之始末

❾❿H.B. MORSE·IBID.,P.P.358）

⓫馬江海戰紀實的史料，見張佩綸奏馬江水師失利、何如璋奏法船猝發航壞廠傷摺、申飭廣東統兵大員諭旨、編修潘會同閩籍京員公揭張、何之罪摺、張佩綸請治張隥楷罪片幷陣亡員弁單、皇太后加恩有功海員諭旨等。以上各奏摺，均見於光緒諭摺彙存第九卷。

⓬金牌門亦稱金牌寨，閩江口黃岐島上與對岸的長門同爲江口要塞。

⓭筆者曾在、本野史中，看到一則有關於孤拔之死的記載。惟文中所言，有如小說家之言，道聽途說不敢相信。故在正文中未提出說明。祇將之列入本註脚內，讓讀者於讀後自行辨別其眞僞。文曰：「法艦闖入浙江三門灣時，正値宵深月朗，約當三更，他（指孤拔）遙望岸上，刁斗無聲，未知有備無備，因此他竟猱升桅竿，窺探內外形勢。適値砲台上面有一巡卒，見敵艦連檣而來，因爲通報不及，竟炸着胆子，燃火開砲。猛然撲通一聲，不偏不倚，正中桅竿上的孤拔。孤拔受着砲彈，肢體分裂，自然墜落下來」。

⓮電稿四卷二頁

第六章　中法和談重開

第一節　和談重開之內因

中法正式交兵，爲時不過八個多月，中國從始到終，都是採取自衞戰。法國居於侵略者的地位，處處想據地爲質。以爲日後談判的資本。但自鎭南關法軍失利之後，爲達到他這個目的，更以他較優越的海軍，控制或封鎖南中國的各口岸，至少從一八八五年起的形勢是這樣。所以他爲加強他的實力，和謀戰事早日結束起見，便於二月廿六日起，宣佈「米」爲違禁品，禁止各國商船，從南方運到北方。這一禁令發出之後，英國首先提出抗議[1]，這時法國在埃及剛好和英國有事，法國國內人士對此便議論紛紛，恰好諒山戰事法軍又告不利，法國強硬派總理茹費理被投不信任票而辭職，中法和談之事，便重見端倪。

我們就史料分析這一次的戰爭，在清廷方面，雖主戰者大有人在，但究之其實，還是不願戰爭。就法國說：當時（一八八〇年起）正夢想着「北非洲法蘭西帝國」，她從西岸北面的突尼斯（TUNIS），和阿爾及利亞（ALGERIA），侵入內地，而且不久，就得到撒哈拉和蘇丹（撒哈拉以南的一塊富饒地區）。假使她再能獲到阿比西尼亞以及尼羅河上流的地方，那他的夢想帝國，便可從西邊的佛得角（CAPE VERDE）起，直通到東邊的亞丁灣（GULF OF ADEN），換句話說，即可從海岸的一邊，伸至海岸的對邊。但法國這個從東到西，連成一片的計劃，恰好和英國從南到北，連成一片的計劃衝突❷，所以對於中國的事，也希望速戰速決。

一八八四年的七月十七日，雖然中國剛對法宣戰不久，法方即表示願意接受他國的評議（見於赫德致總署的信）。同時駐上海法領事李梅（VICTOR-GABRIEL LEMAIRE），也向上海道台秘密的表示：「現奉法廷授以全權，遇事可逕奏。亟盼我轉圜，總須略予體面。如賠款爲難，或於十八省外之海島暫租與法，否則預允日後建造鐵路，酌認地段若干，准法商充當公司等語❸。九月德璀琳又謁李鴻章，面陳另一法領事林椿（PAUL RISTEL HUEBER）所提的四條意見❹：㈠繼續天津條約（即李福協定），㈡華軍退出東京，法海軍撤退，㈢免賠償兵費，㈣法軍暫留台灣，候津約實行。當時總署也草擬一項和談原則，共有八條❺，現也節錄於後，藉明双方意見的接近。

㈠津約本已作廢，今從新修好，仍准商議。惟界務商務須予酌改，期於双方有益。

㈡雲粵邊外中國駐兵業已多年，將來勘定南界，由諒山至保勝畫一直線，作爲中法保護通商界限。

㊂中國界線之外，設關通商一事，將來另派員詳細定議。
㊃中國之於藩屬，受其貢獻，不預其政令。法國祇可在越南通商，不應用保護國的名。嗣後越南如繼續入貢中國，法國不得干預。
㊄法國應派出公正大臣與曾使會商，或前來中國商辦。
㊅中法文字不同，翻譯恐生枝節。此次立約，應以中國文字爲主，法國應派精通中國文字的人，詳愼翻譯，但不令簽押，以示鄭重。
㊆如現在和談開始，中國入越之兵，暫紮原地不進；法軍退出基隆，泊船待議。俟和談就緒，兩國定期撤兵。……倘以佔踞基隆爲要挾，則和談難開。
㊇兩國搆兵，中國旣費鉅款，且法方先攻我水師，焚我船廠，理應計數索償，今双方棄怨修好，中國可免除索款要求，以上各條如法國有一條不同意者，應先賠中國各費，然後再定和戰之局。

這八條條件，曾紀澤曾送請英國沙侯（LORD GRANVILLE）轉遞法國當局，但沙侯不允轉達。後曾紀澤根據「界」「貢」二事，重擬和談節略八項，出示沙侯，沙侯始允轉送法國，從中調處，這八項就是❻：㊀華允越交外邦，㊁越與各國訂約無碍於華者可允。㊂越照舊貢華，㊃諒山東某處至保勝下某處畫線，依線畫可分之界，㊄華允派員商邊界商務，㊅華法越兵停戰，㊆約畢畫押後若干日在北京交換，未換前撤封口法船。已換約卽退南北法兵，㊇西曆本年元旦前，中法約仍照行。曾紀澤又將上述節略送給法駐英大使瓦（M．WADDINGTON）。瓦閱後大怒說：「有修界事卽無和議」❼。其實這是瓦大使一時的氣憤。

根據曾紀澤當時的意見，他所提的八項，是可力爭不讓的；他并且向總署說：「澤之第四條，因界必依山川形勢，故未徑言直線為界。第八條係暗廢津約，并廢約文為主之語。李相或他處有與法人議事者，乞隨時電澤，免歧異」❽。如上所說，中法兩方所提的和談節略，都很接近，只待東風，和談便可順利進行。

一八八四年十月，中國海關巡洋艦（FEIHOO）號，因運糧至燈塔，在台灣附近被法艦捉去。法艦通知我國海關當局，非得到巴黎的訓令，絕不放行。赫德遂於一八八五年一月七日命令中國駐英倫稅務司金登幹（JAMES DUNCAN CAMPBELL）赴巴黎向法政府交涉，同時囑咐試探茹費理對於越事的意見，和他要求的條件。最初茹費理不信任赫德有調處越事的能力，更不相信金登幹有談判越事的權。到了三月廿八日，茹費理內閣辭職，法政府便派出畢樂（B．BILLOT）和金登幹商談中法停戰事情，并簽訂停戰條約，約文共有三款：

㈠中法兩國共同遵行津約。

㈡中法兩國互約彼此停戰，法國立卽解除台灣封鎖。

㈢法國願派一使臣至天津或北京商議條約細則，並決定兩國撤兵日期。

這項草約，後於四月四日在巴黎簽字❾。在簽字之前，法國已無其他意見，中國因陸戰沒有失敗，議論還很多，尤其邊疆將領，力主拒絕簽字，但是朝廷方面，因朝鮮有甲申（一八八四年）之變，政府擬以全力對付朝鮮問題。結果才維持該停戰草約，中法和談得以重開。

第二節　和約內容

中法停戰條約簽字後，上諭沿海各將領和督撫，遵約撤兵。諭旨說：「越南宣光以東三月初一停戰，十一日華兵拔隊撤回。廿一日齊抵廣西邊界；宣光以西三月十一日停戰，廿一日華兵拔隊撤回，四月廿二日齊抵雲南邊界；台灣定於三月初一日停戰，法國即開各處封口」⑩。三月初六日清政府任命李鴻章為中法議和的全權大臣，并派錫珍鄧承修會同辦理⑪。和談的辦法，是根據赫德交來法外部所擬定的草約十條。這草約又是以李福協定為基礎，略有增減而已。

李鴻章等受命後，先和總署作一番詳細的討論和研究，取得同一的意見，才於四月廿七日(陽曆六月九日)，約同法國專使巴得諾會商於天津。和約進行很順利，雙方將中法文字四份校對無錯，簽上代表名字，彼此各存正副本兩份⑫，是為中法媾和條約。現將和約原文抄錄於下⑬，以供參考。

第一款：越南諸省與中國邊界毗鄰者，其境內法國約明自行弭亂安撫。其擾害百姓之匪黨及無業流氓，悉由法國妥為設法，或應解散，或當驅逐出境，并禁其復聚為亂。惟無論遇有何事，法兵永不得過北圻與中國邊界。法國並約明必不自侵此界，且保他人必不犯之。其中國與北圻交界各省境內，凡遇匪黨逃匿，即由中國設法或應解散，或當驅逐出境。倘有匪黨在中國境內會合，意圖往擾法國所保護之民者，亦由中國設法解散。法國既担保邊界無事，中國約明亦不派兵前赴北圻。至於中國與越南如何互交逃犯之事，中法兩國應另行議定專條。凡中國僑居人民及散勇等，在越南安分守業者，無論農夫工匠商賈，若無可責備之處，其身家產業均得安隱，與法國所保護之人無異。

第二款：中國旣訂明於法國所辦弭亂安撫各事，無所掣肘。凡有法國與越南自立之條約章程，或已定者或續立者，現時或日後均聽辦理。至中越往來，言明必不致有碍中國威望體面，亦不致有違此次之約。

第三款：自此次訂約畫押之後起，限六個月期內，應由中法兩國各派官員親赴中國與北圻交界處所，會同勘定界限。倘或於界限難於辨認之處，卽於其地設立標記，以明界限之所在，若因立標處所，或因北圻現在之界限，稍有改正，以期兩國公同有益，如彼此意見不合，應各請示於本國。

第四款：邊界勘定之後，凡有法國人民及法國所保護人民，與別國居住北圻人等，欲行過界入中國者，須俟法國官員請中國邊界官員，發給護照，方得執持前往。倘由北圻入中國者係中國人民，只由中國邊界官員，自發憑單可也。至有中國人民，欲從陸路由中國入北圻者，應由中國官請法國官發給護照，以便執持前往。

第五款：中國與北圻陸路交界，允許法國商人及法國保護之商人，幷中國商人運貨進出，其貿易應限定若干處及在何處，俟日後體察兩國生意多寡，及往來道路定奪，須照中國內地現有章程，酌核辦理。總之，通商處所。在中國邊界者，應指定兩處，一在保勝以上，一在諒山以北，法國商人均可在此居住。應得利益，應遵章程，均與通商各口無異。中國應在此設關收稅，法國亦得在此設立領事官。其領事官應得權利與法國在通商各口之領事官無異。中國亦得與法國商酌在北圻各大城鎭，揀派領事官駐紮。

第六款。北圻與中國之雲南廣西廣東各省，陸路通商章程，應於此約畫押後三個月內，兩國派員會議，另定條款，附在本約之後。所運貨物進出雲南廣西邊界，應納各稅照現在通商稅則較減，惟由陸路運過北圻及廣東邊界者，不得照此減輕稅則納稅。其減輕稅則，亦與現在通商各口無涉。其販運槍砲軍械軍糧軍火等，應各照兩國界內所行之章程辦理。至洋藥進口出口一事，應于通商章程內，定一專條，其中越海路通商，亦應議定專條，此條未定之先，仍照現章辦理。

第七款：中法現立此約，其意係爲鄰邦益敦和睦，推廣互市，現欲善體此意，由法國在北圻一帶，開闢道路，鼓勵建設鐵路，彼此言明，日後若中國酌擬創造鐵路時，中國自向法國業此之人商辦，其招募人工，法國無不盡力勷助，惟彼此言明，不得視此條約爲法國一國獨受之利益。

第八款：此次所訂之條約內所載之通商各款，以及將訂各項章程，應俟換約後十年之期滿，方可續修。若期滿六個月以前，議約之兩國彼此不預先將擬欲修約之意聲明，則通商各條約章程，仍應遵照行之，以一年爲期，以後倣此。

第九款：此約一經彼此畫押，法軍立卽奉命退出基隆，幷除去在海面搜查等事，畫押後一個月內，法兵必當從台灣、澎湖全行退盡。

第十款：中法兩國前立各條約章程，除由現議更張外，其餘仍應一體遵守。至此條約現由大清國大皇帝批准，及大法國大伯理璽天德批准後，卽在中國京都互換。

上列條約各項中，最値得注意的，就是中國無條件的承認法越所訂的一切條約，和沒有理由奉送法國很多的權利。例如：承認越南爲法國的保護國，越南與中國幾千年來的關係，一旦便斷送得一乾二淨；允許中國在南方各省興築鐵路時，聘請法國的技師，無異把路權建築，送給法國，嗣後在光緒十三年（一八八七年），根據本約所續締結的界務專條，使法國勢力得深入西南各省，爲日後法國圈定兩廣雲南爲她勢力範圍的張本。我國有了這一筆外交上的糊塗賬，對後來國運演進上，與遠東和平上，播下固結莫解的中國西南邊疆外交問題的糾紛。李鴻章實應負其全部責任。

第三節　戰後問題

1.黑旗軍之處境：中法媾和條約簽字後，法國的侵略野心得逞，但最先留下來的問題，就是如何對付黑旗軍了。當時法國曾聲言：黑旗軍一天不離開保勝，法軍就一日不交還澎湖。反觀清廷方面，從始到終對待黑旗軍的態度是利用。利用劉永福在中越邊界的威望和軍力，抵擋一下法國的進攻，并非眞心眞意想支持和扶植黑旗軍，作爲反法鬪爭的主力。

現在和約既成，中法對於黑旗軍之留在越南，均有同樣的感覺。法國方面，認爲黑旗軍留在北圻，如坐針氈，時刻覺得不安；清廷方面也覺得是「擾邊、擾越、擾法，均屬爲害」，於是回過頭來助法國對付黑旗軍，美其名任命劉永福爲廣東總兵，其實爲調虎離山之計，調他的精銳部衆三千多名，於一八八五年九月入關。從此，法國固可高枕無憂，施展其勢力至北圻；而滿淸方面，則以分化手法，逐年將之解散至於烏有。

2.清廷昏庸、怯懦暴露，國運日蹙：在中法戰爭中，由於清廷之昏庸和怯懦，法國坐享「不勝而勝」，而中國「不敗而敗」的局勢。我們翻開中法戰後的歷史看：一八八四年十二月，日本在朝鮮製造流血政變，擴大它在朝鮮之勢力；一八八六年一月，英國吞併緬甸北部，將整個緬甸歸入英國統治，埋下中緬界邊上一連串的糾紛；一八八八年英國再進一步，向錫金與西藏等施壓力，導致一八九〇年逼清廷承認錫金爲英國保護國；一八九一年七月俄國入侵帕米爾，導致一八九五年俄與英國北上勢力會合，瓜分了帕米爾；凡此，無一不是中法戰爭，列強乘清廷無能好欺，吞食和吞併中國的領土，使中國邊疆地區出現了更嚴重的危機，帶來十分嚴重的後果。

❶H.B.MORSE. IBID. P.P.362§26
❷HAYES AND MOON. 近代世界史姚華農中譯本四五四頁。
❸電稿三卷四四頁。
❹清季外交史料四六卷一一頁。
❺電稿四卷一三頁至一四頁。
❻❼❽同書一九頁。
❾電稿五卷二七頁。
❿同書二八
⓫光緒諭摺彙存十卷九頁。
⓬清季外交史料五八卷一一頁。
⓭光緒諭摺彙存十卷一〇至一二頁。（按此約之四、五、六各款，業於民國十九年中法邊界專約廢止）。

第七章　和約簽字後之種種問題

第一節　通商問題

中法媾和條約訂立之後，其最重要而且亟待解決的問題，便是通商和勘界。根據和約第三款的規定說：

「自此次訂約畫押之後起，限六個月期內，應由中法兩國各派官員親赴中國與北圻交界處所，會同勘定界限」。

至於通商的規定，在和約第六款說：

「北圻與中國之雲南廣西廣東各省，陸路通商章程，應於此約畫押後三個月內，兩國派員會議，另定條款，附在本約之後」。

中法兩國後根據這二項的規定，各派官員進行會商，分別締結通商章程和界務條約。現將會商經過和內容，說明如下：

(一)中越邊界通商章程的議定

甲、締約經過：中法兩國未進行會商之前，清廷已諭令李鴻章愼重商議這事。諭旨說：「此次中法議立滇粵陸路通商章程，事係創辦。該大臣務當悉心籌畫，詳細商議，總期周密妥善，免致將來窒礙」❶。看這諭旨，當時清廷確相當注意這件事。光緒十一年八月十一日正式派出李鴻章爲中法議立越南邊界通商事務的全權大臣，法國派戈可當爲專使。十一月間，法使先將擬定的通商章程，送交總署，經總署大臣逐條研究，幷加簽駁。李鴻章也叫津海關道周馥另擬通商章程一份，計十八條，呈總署核奪，作爲底稿。十二月初五日，法專使戈可當帶同參贊來天津，會晤李鴻章，因雙方意見懸殊，面談好幾次沒有結果。後李戈兩人改變談判方式，各派專員先行會商大略，至有關重要部分和意見懸殊太遠的問題，再另行面商。李鴻章派周馥、候選道伍廷芳、候補知州朱幹臣；戈可當派出參贊卜法德、繙譯微席（法文MONSIEUR先生的意思）葉，各將所擬定的稿本，逐條辯論。從十二月十二日起至次年正月十七日止，會商多次，卒將雙方所擬的稿本刪定，另訂章程十九條，經正月十九日、廿三日、廿七日、三次的辯論之後，才於三月廿二日（一八八六年四月廿五日）締結中法越南邊境通商章程，又名中法陸路通商章程❷。

乙、商約要項：章程共十九款❸，現將重要的幾項，摘述如下：

通商—兩國議定按照新約第五款，現指定兩處：一在保勝以上某處，一在諒山以北某處。

中國在此設關通商，允許法國即在此兩處設領事官。該法國領事官，應得權利，即照中國最優之國領事官無異（第一款）。

設領—中國可在河內海防二處，設立領事官。設領後與法國商酌在北圻他處各大城鎮，派領事官駐劄。至法國待此等領事官，并該領事官應得權利，即照法國待最優之國領事官無異。其所辦公事，應與法國所派保護之大員商辦（第二款）。

通商優待—法國商民前來中國邊界通商處所，均照咸豐八年五月十七日中法條約第七、第十、第十一、十二等款辦理（請見附錄二）。越南人到中國邊界通商處所，中國亦一律優待（第三款）。

保護華僑—越南各地方，聽中國人置地建屋，開設行棧。其身家財產，俱得保護安穩，決不刻待拘束，與最優待西國之人，一律不得有異（第四款）。

遊歷—法國人及法國保護人，與別國居住北圻人等，欲行過界入中國者，法國官查明，係體面之人，即請中國邊界官員發給護照，准其持執前往。……至於中國內地人民，欲從陸路由中國入越南者，應由中國官員查明，係體面之人，請法國官發給護照，一如法國人入邊境辦法。至彼此所給護照，皆只為遊歷而用，不准作為買賣貨物免稅憑據（第五款）。

內地稅率—凡進口之貨，由法國商民及法國保護之人，運至邊界通商處，……進雲南廣西某兩處邊關者，按照中國通商海關稅則，減五分之一收納正稅。如稅則未載，即按估價值百抽五徵收正稅。……如該商願將洋貨運入內地，須再報關，照通商各海關稅則收納內地子口稅❹，不得援減五分之一之正稅，折半徵收（第六款）；凡法國商民及法國保護之人，赴中國內地各處購置土貨，運至邊界通商處所，出口入北圻者，……照中國通商海關稅則減三分之一，徵出口稅。如稅則未載，卽按估價值百抽五徵收正稅（第七款）。

過境稅—凡運土貨，由中國此邊關路過北圻至中國彼邊關者，或由兩邊關運出越海口回中國者，其過北圻時，應照法關稅則，完納過境稅，均不得過貨值百抽二（第十二款）。

免稅貨物—凡有金銀外國等銀錢、麵粟、米粉、砂穀、米麵、餅、熟肉、熟菜、牛奶酥、牛油、蜜餞、外國衣服，金、銀首飾，攙銀器、香水、鹼炭、柴、薪、外國蠟燭、烟絲、烟葉、外國酒、家用雜物、行李、紙張、筆、墨、氈毯、鐵刀、利器、外國自用藥料、玻璃器皿，數目無多，准給免稅單放行。……凡中國人之出入北圻邊關者，隨身所帶銀錢、行李、衣服、首飾、紙張、筆、墨、書籍，及自用家伙食物，到法越關一概免稅。至中國領事官所運自用各貨，亦一律免稅（第十三款）。

藥品—兩國議明，洋藥、土藥，均不准由北圻與雲南，廣東廣西之陸路邊界販運買賣（第十四款）。

訴訟—中國商民，僑居越南所有命案、賦稅、訴訟等件，均與法國相待最優之國之商民無異。其在邊關通商處所，華人與法人越人訴訟案件，歸中法官員會審。至法國人及法國保護之人，在通商處所，如有犯大小等罪，應查照咸豐八年條約第卅八、卅九等款，一律辦理（第十六款）。

引渡—兩國人犯，得互相引渡（第十七款）。

修約期限—以上各款，將來如須續修，卽照新約第八款所載，換約後十年之期，再行商訂（第十八款）。

第二節　勘界問題

甲、議約經過：中國勘界大員周德潤，他於受命後先和滇督岑毓英，作一番研究考慮後，才出關和法使狄隆會商，雙方各按照地圖談辯，其中關於大小賭咒河，和猛梭、猛賴兩段地界有爭執不能解決外，其他在滇越境內的劃為五段界；至於粵東和粵西界線，便由鄧承修和法使浦理燮會勘。浦使後得病回國，由狄隆替代。狄隆對於中國人民流寓聚居的江平、黃竹等處（本隸於越南的），堅持寸土不讓，即粵兵巡哨區，向不隸於越南的白龍尾，也堅持不肯歸我。雙方相持不決，直至法國新任駐華公使恭士頓（CONSTANS）來華，恭氏是法國國會議員，對於商務非常重視。他向總署表示，如中國對商務通融，法方對於界務讓步。并允許將江平、黃竹、白龍尾及雲南邊界的南丹山以北，西至狗頭寨至清水一帶地方，統統歸於中國。總署接受恭使的意見，便於光緒十三年五月初六日（六月廿六日），派慶親王奕劻、侍郎孫毓汶，和法使恭士頓會商。雙方根據新約第三款的規定，締結中法界務專條❺。

乙、界約內容：界務專條共五款，現將粵越和滇越的分界線，摘列如下：

廣東界務─現經兩國勘界大臣勘定邊界之外，芒街以東及東北一帶，所有商議未定之處，均歸中國管轄。至於海中各島，照兩國勘界大臣所畫紅線，向南接畫，此線正過茶古社東邊山頭，即以該線為界（茶古社漢名萬注，在芒街以南，竹山西南），該線以東海中各島歸中國，該線以西海中九頭山（越名格多）及各小島歸越南。

滇越邊界第二段—從小賭咒河南岸，狗頭寨照圖上甲字起，由狗頭寨自西直抵東，計五十餘里。北邊聚義社卽聚姜社、聚美社、聚肥社，歸中國。南邊有朋社歸越南。至圖上乙字處。從乙字至丙字，亦由西抵東。中越邊界路經二河，其二河幷歸一河入大賭咒河，又名黑河；從丙字往東南約十五里，至丁字以北之南丹地方，全歸中國。從丁字往東北至猛峒下村，卽圖上戊字處，按圖上所畫，從丁字至戊字界線，其南之南燈河。漫美、猛峒上村、猛峒山、猛峒中村、猛峒下村全歸越南，其北全歸中國。從猛峒下村戊字處起，經清水河入大河之處，卽圖上己字，以河中爲界。從己字至庚字以大河中爲界，河西之船頭歸中國，河東之偏馬寨歸越南。從庚字往北至辛字，經老隘坎至白石崖（老隘坎、白石崖）中越各有一半，白石崖老隘坎以東歸越南，以西歸中國。由辛字往北順偏保卡北保中間入大河之小河東岸，直往北至高馬白，卽圖上壬字，卽接第三段，勘界大臣所畫定之處。

滇越邊界第五段—自龍膊寨雲南越南邊界經龍膊河，到清水河，入龍膊河之處爲止，此處圖上甲字，由此界自東北往西南，至綿水灣入賽江河之處爲止，卽圖上乙字；按現劃界，則清水河綿水灣歸中國，自乙字由東直抵西，過籐條江在大樹脚以南爲止。此段界線，以南歸越南，以北歸中國。圖上丙字，自丙字起到金子河入籐條江之處爲止，以河中爲界。圖上丁字，從丁字起，經金子河計程三十餘里，又由東而西，抵圖上戊字處，此界遇在猛蚌渡以東入黑江之河，圖中己字，從戊字至己字，以河中爲界。從己字往西。以黑江之河中爲界，照兩國勘定大臣畫定界圖。並照以上所畫界線，由大清國地方官，及大法民主國欽差駐越大臣，遴派官員，前往會同辦理，安設界碑事宜。

這條界約締結後，中國雖失地不少，但糾紛多年的邊界線，總算告一段落。後此約於光緒廿一年（一八九五年）再加以修正了。

第三節　商務章程續議問題

甲、續議的原因：光緒十二年中法所訂的越南邊境通商十九款，雖經双方代表簽了字，但法方仍覺得不夠滿足，沒有批准互換。嗣後又因界務問題，意見分歧，法使恭士頓才提出：如中國通融商務，那麼法國對界務讓步。同時還要求中國暫緩在河內、海防兩處設立領事；運土藥出口酌收課稅，允許越鹽運入內地等❻。總署後與李鴻章密商，決定開放龍州、蒙自為通商處所，蠻耗派員駐居。對於減稅問題，因有俄例在先，不得不酌減。議定將進口稅減十分之三，出口稅減十分之四；高平、諒山往來船隻，雖免徵稅，仍須納船鈔。土藥已完釐金的，才准許法商完稅接買；但不准法越商人逕自走入內地販運❼。

至於法使所提販運越鹽入內地，接辦鐵路，越南與滇粵通商進出口稅則減半，運中國土貨往中國各口的稅減為三分之一等要求，總署都嚴詞拒絕。不過，中國既暫緩在河內、海防設領事，法方也不得在龍州、蒙自設立租界，為交換條件。

乙、續約要點：中法續議的商務專條共十款，現擇其重要的如下❽：

開商埠—按照光緒十二年三月廿二日所定和約第一款，兩國指定通商處所，廣西則開龍州，雲南則開蒙自，緣因蠻耗係保勝至蒙自水道必由之處，所以中國允開該處通商，與龍州蒙自無異。又允法國任派在蒙自法國領事官屬下一員在蠻耗駐紮（第二款）。

減稅—現因中國北圻來往商務必須設法作速振興，所有光緒十二年三月廿二日和約第六七條所列稅則，今暫改訂；凡由北圻入中國滇粵桂通商處所之洋貨，即按照中國通商海關稅則減十分之三，收納正稅；其出口至北圻之中國土貨，即按照中國通商海關稅則減十分之四，收納正稅（第三款）。

土貨稅—中國土貨按照光緒十二年三月廿二日和約十一款第一節，完納進口稅後，過北圻到越南海口者，除中國之外，如係前往他國，則出口之時，應照法越稅則，納出口之稅（第四款）。

土藥稅—中國允許土藥由陸路邊界出口入北圻，此土藥應完納出口正稅銀二十兩一担（第五款）。

船鈔—除兵船及運載兵丁器械之船外，所有法國及北圻船隻從諒山至高平，復由高平至諒山，經過龍州至高平，并高平至龍州之河（此二河一名松吉河，一名高平河），此項船隻每次路過，即每噸納銀鈔五分，惟船內所載貨物，一概免稅（第六款）。

最惠條例—日後若中國因中國南境西南境之事與最優待之友國訂立通商交涉之和約條款章程等類，所有無論何等益處及所有通商利益，施於該友國，此等約一施行，則法國無庸再議，無不一體照辦（第七款）。

續約有幾項可注意的地方，一除蒙自龍州兩處闢爲通商口岸之外，還增開蠻耗一處，這在法國來說，他對於西南通商的宿願達到；在中國來說，增加許多不必要的邊衅。其次續約關於減稅，是援中俄陸路通商減稅的例子（詳見⑨），中國不加深一層的考慮，冏然答應，又開英國援例行於緬邊，日本援例行於東三省。再次續約的第七款規定，他日中國如和任何一國訂立西南通商條約，其所得無論何種利益，法國一律同享。這種片面的最惠條例，法國無形中把雲南、兩廣視作他的利益範圍。還有一點，在續約之後尚有附文一紙，附文說：「爲照會事，……尚有彼此應聲明者三端，特爲陳列：一按照前約，中國可在北圻各大城鎮設立領事官，現經彼此商酌，中國允許此等領事官，目前暫從緩設，應俟後兩國查看該處地方情形，再行設立。一俟中國在河內海防兩處設立領事之時，法國始可於滇桂兩省城設立領事。一中國所允法國於蒙自龍州蠻耗設立之領事官屬下一員，係屬陸路通商處所，不可倣照上海等處通商口岸，設立租界。以上三論，彼此聲明，雖未列入續約專條，與條文所載，遵行無異」⑩。

從這一照會看來，中國不但將河內海防兩處設領事的權利放棄，而且北圻其他各大城市，中國也暫緩設立領事。當時中國辦理外事的人多不注意這一點，卽李鴻章個人也認爲「可暫紓經費」，這不能不說是短見，和缺乏辦理外事的知識呢！

第四節　架設電線問題

中法自越南界務和商務條約簽訂之後，法國爲收到商務上的宏效，積極要籌辦的便是交通和架設電線的問題。北圻和滇粵相接，架設電線較易，所以先從這一工作着手，促請中國派員與他商談接線的問題。

甲、商談經過：法國駐京公使林椿於光緒十二年十月照會總署，請派員商籌中法接線的事。總署於接獲照會後，即飭令總辦電報東海關道盛宣懷調查，據實呈報。後據盛宣懷的報告說：

「法國陸路電線，自鎮南關邊外起，以達越國東京至西貢，並通越南各內地；又由西貢接通英線至暹羅之都城彭高（BANGKOK）地方，且繞出緬甸至印度等處。中國陸線如與接連，則價目較海線便宜。以上各處電報，皆由此線轉遞獲利，誠於中國有益。中國電線既與英丹海線接連，法線事，一律祗須章程嚴密，中國界內，不准該國陸線侵越尺寸地步，亦不准該國設立電局。無事時不妨接線，以收利益，有事時仍可斷線，以示隔絕，自無窒礙」⑪。

總署據報，便訓令盛宣懷辦理這件事。光緒十三年七月盛氏與法公使林椿，在煙台舉行會談，并擬定中國和北圻接線辦法十二條。因時屆封河，雙方便於光緒十三年十二月廿八日簽字⑫。

乙、章則要項：

接線處—中法電線訂明在三處相接：一北圻之同登與廣西之鎮南關；二北圻之芒街（即蒙開）與廣東之東興；三北圻之保勝（即老開）與雲南之蒙自（第二款）。

管理—中法兩電報局，所應辦之邊界相連接及保護修理電線，并設局管理電線。以上各項，兩國彼此在本界限內，各自出資辦理，約明均不侵越邊界尺寸地步（第三款）。

辦法—所有電報，由中法相接之旱線收發傳遞者，約照萬國公例所定歐洲以外電報章程辦理；至於中國與北圻越南西貢眞臘來往電報，照歐洲以內電報章程辦理（第四款）。

收費—各電報經過中法兩電局旱線者，各自取價收資，惟依照第六款之規定（第五款）。

收發報範圍—寄報之人，如不註明由何路傳遞，中法兩電局議定，如中法相接之旱線價目，較別路便宜，此等不註明何路傳遞之報，全歸中法相接旱線寄發；如中法相接之旱線價目與別路一樣。此等不註明何路傳遞之報，最少一半須歸中法旱線寄發（第八條）。

結帳—中法電局邊界接線之兩分局，每日須將來往之電報字數對清，所有賬目，須於每月底清楚。賬目數尾，應歸法電局者，即付西貢之法國電報總局；應歸華電局者，即交付上海之中國電報總局。須不得過每月結賬後十日之外，一律付清，所有算賬付賬電報，均作二等公報，月分日期均照西曆（第九款）。

期限—此約以十五年爲期，期滿欲改，須於六個月前知照（第十一款）。

其他—蒙自老開線未接之先，由別處中法線遞報雲南者，仍照在長江以及長江以南者第六款所定報價取資（第二款）。

第五節　界務與商務續約問題

上述中法界務與商務續約，至光緒廿一年（一八九五年）又重新加以修正了。促成這次修約的原因有三：一法使臣於光緒十七年前往邊界豎立界碑時，發現有多處與原線不符，欲請中國更正；二法國新得湄江東岸的地方，請於滇界第三段後接連的湄江和車里土司交界處所，劃清界線；三恰逢中日甲午戰爭結束，法國參加三國干涉日本退還遼東有功。居於上述的幾種原因；法國駐北京公使施阿蘭（AUGUST GERARB）便乘機向中國提出修改中越界務與商務的要求。總署也明知是索報酬，但不便拒絕。後來雙方代表（中國派奕劻，法使施阿蘭）在北京會談，中國在界務方面，將猛烏、烏得兩地讓與法國；在商務方面，有更多的讓步，表示惠施[13]。詳見於下面說明。

甲、界務專條附章：續訂的界務專條共五款[14]，現舉其重要的列下：

一、滇越界第二段，自丁字處至戊字界線，改繪如下：界線自丁字處起，向來北至漫美止，又自漫美向東，至清水河之南岸止。漫美歸越南，猛峒上村、猛峒山、猛峒中村、猛峒下村各地，歸中國。

二、滇越邊界第五段，自龍膊寨起至黑江止，界線改繪如下：自龍膊寨雲南越南第五段界線，溯龍膊至紅崖河入龍膊河之處，卽圖上甲字處爲止。自甲字處向西北偏北，順分水嶺至平河發源處；又順平河、木起河注打保之處，又順打保河至打保河注南拱河之處，又順南拱河至南拱河注南那河之處爲止。又界線溯八寶河至八寶河與廣思河合流之處，又溯廣思河卽順分水嶺以至南辣比，與南辣河相注之處，又順南辣河至南辣河注黑江之處，又從黑江中心至南馬河卽南納河爲止。

三、滇越邊界，自黑江與南馬河相注之處起，至湄江止，繪定如下：自南馬河注黑江之處，界線順南馬河至河源爲止。又向西南，又向西順分水嶺至南桿河，南烏江兩水發源處；

又自南烏江發源處，界線順南烏江與南臘河幷各支河中間之分水嶺，其西邊之漫乃、倚邦、易武、六大茶山等處，歸中國，其東邊之猛烏、烏得、化邦、哈當賀、聯盟、猛地各處歸越南。又界線以南北向東南至南峨河發源處，又順分水嶺以西北偏向繞南峨河及注南臘河南岸，諸水發源之山，以至南臘河注湄江，在於猛猙西北之處而止，其猛莽猛潤之地，歸中國，至八鹽泉（壩發岩）之地仍歸越南。

上約所載猛烏、烏得，係普洱所轄的兩土司，猛烏近寧洱縣，烏得近思茅廳，據李仙江的上游，與暹羅接壤⑮。這塊地方就是英國所謂江洪之地，因爲從中法這一次條約歸於越南，又引起英國的交涉⑯。

乙、商務專條：續議的商務章程共有九款⑰，現擇其重要的列下：

設領事—廣東邊界與越南芒街相對之東興街，法派領事駐紮。

更改商埠—兩國於光緒十三年五月六日在中國京都互議續約之第二條，現改定如下，以全事實。兩國議定：法越與中國通商處所，廣西則開龍州，雲南則開蒙自。自蒙自至保勝之水道，允開通商之一處，現議非在蠻耗，而在河口。法國曾在河口駐有蒙自領事官屬下一員，中國亦有海關一員，在彼駐劄。

增開商埠—議定雲之思茅，開爲法越通商處所，與龍州無異。

更改稅則—光緒十二年三月廿二日商約第九款現議改如左：

一、龍州、蒙自、思茅、河口四處土貨，出口時仍減收正稅；復進口時，完納半稅。

二、由此四處出口，復進各通商口岸；出口時，仍減四成徵收正稅，復進口時，完納半稅。

三、通商口岸土貨運往四處，在出口時照徵十成正稅；復進口時，減四成收半稅。

四、土貨領有憑單者，復進口時，應仍照土貨辦理。

延聘法技師——議定中國將來在雲南廣西廣東開礦時，可先向法國廠商及礦師人員商辦；其開礦事宜，仍遵中國本土礦政章程辦理。至越南之鐵路，或已成者或日後擬添者，彼此議定可由兩國酌商，妥訂辦法，接至中國境內。

接線——由思茅至越南，應由中國思茅電局與越南之孟阿營卽下猛岩電局，互相接線。

上述商約各條款中，最使人注意的便是第五款的規定，中國許以將來開礦時延請法人技師和鐵路接軌，使日後西南邊疆增加糾紛。滇越鐵路的建築權，固萌芽於此⑱，卽法國要求滇桂採礦權也是導源在這裡。

❶光緒諭摺彙存十卷六〇頁。

❷書同上。按此約至民國十九年新訂中法邊界專約後，將本約取銷。

❸約章成案滙覽甲篇三卷。轉引張著雲南外交問題。又外交大辭典（中華版）一一三頁。

❹子口稅：凡洋貨欲運至內地，及土貨由內地出口者，除照章繳納值百抽五之進出口稅外，并須再納半稅（二・五）以代替釐金。此稅卽稱爲子口稅。

❺清季外交史料七一卷十七至二一頁。按此約至民國十九年，中法新訂中法邊界專約後，將此二約取銷。

❻同上書十八頁。

❼轉引張著雲南外交問題一三六頁。

❽約章成案滙覽甲篇卷三。

❾中俄陸路通商，關於稅務一項，歷次條約都有優待。如尼布楚條約准其通商，而不征稅；恰克圖條約明定勿庸取稅；北京條約更規定烏蘇里江方面，彼此在交界各處貿易，亦不納稅；同治元年中俄陸路通商章程，又規定兩國邊界貿易，百里內不納稅，至伊犁條約復規定新疆全省爲免稅區。這些都是中俄兩國稅務上的奇例，他國是不能援引的。詳細請參考拙著新疆伊犁外交問題研究第二章第一節（獨立版）。

❿清季外交史料七一卷二六至二七頁。

⓫光緒諭摺彙存一一卷六一至六二頁。

⓬同上書六四頁。

⓭清季外交史料一一四卷七至二一頁。光緒諭摺彙存一三卷四三至四四頁。

⓮外交大辭典一一一頁。

⓯張著雲南外交問題一三〇頁。

⓰江洪和緬甸接界，英國誤屬於緬甸，故提出抗議。初總署怕事態嚴重，拒不與法國簽字。嗣法俄聲明退還借款要脅，中國因需款甚急，結果還是簽字。詳見拙著中緬界務問題一六至一七頁（正中版）。

⓱外交大辭典一一一頁。按民國十七年中國外交部通知此附章與前所訂之兩商約概行廢止，另訂替代專約。

⓲中國因向法國借款，所以關於滇越路的敷設權，中國很快答應給法國費務林公司（FIVES-LILLE），後又覺得不妥，又將敷設權名義上收回，將敷設計劃給予費務林公司。中國將路權讓予外國人，這是第一次。後該路於光緒二十四年（一八九八年）興工，至宣統二年（一九一〇年）通車。全長四七〇公里（由老開至昆明段）。

附錄

1. 中越法關係大事年表

公元	各朝紀年	重大事項	朝名
一一〇九年前	成王六年	越裳入貢，周公賜指南車五乘	西周
二一四年前	始皇卅三年	取陸梁地歸併於象郡	秦
一九六年前	高祖十一年	封趙佗爲南越王	
一三七年前	建元四年	佗卒，孫胡爲南越王	
一一一年前	元鼎六年	置九郡，其中交趾、九眞、日南三郡在越南境內。	漢
二三一年(約)	王莽末年	交趾牧鄧讓入貢	

四〇年	建武十六年	交趾女子徵側徵貳叛，派馬援平亂	漢
四三年	建武十九年	徵側之亂平。馬援在日南立銅柱爲界。	
	孫權時	改交趾爲交州，派步騭爲交州刺史，士燮爲節度	三國
五四八年(約)	梁武帝時	阮賁稱南越帝，派陳霸先平之。改九眞爲愛州。	南朝
	煬帝時	林邑抗命，改日南爲驩州	隋
六二二年	武德五年	改交趾郡爲交州總管府	唐
六七九年	調露元年	改交州爲安南都護府	
九三七年	天福二年	安南政局混亂	五代
九六八年	開寶元年	丁璉統一安南受封爲南越王	宋
一〇〇八年	大中元年	李公蘊奪位，受封爲南平王	
一〇七五年	熙寧八年	交趾入寇，次年平定	
一〇七八年	元豐元年	交趾入貢	
一一七五年	淳熙二年	天祚進封爲安南國王	
一二八四年	至元二一年	使脫歡討占城和安南	元
一二九三年	至元二九年	安南入貢	
一三六八年	洪武元年	太祖遣易濟往諭安南，次年陳日煃入貢，受封安南國國王	
一三九九年	建文元年	黎季犛弒日焜自稱安南王	

一四〇六年	永樂四年	派大軍討季犛，次年亂平，安南爲交趾布政司，列入中國版圖	明
一四〇八年	永樂六年	交趾亂，簡定稱越帝，次年亂事始平。	
一四三一年	宣德六年	交趾復亂，黎利權署國事，利死，子麟嗣位，受封爲安南國王	
一五二二年	嘉靖元年	莫登庸篡國，稱安興王，據河內。安南分爲南北二朝	
一五三七年	嘉靖十六年	討安南	
一五四三年	嘉靖二二年	安南阮淦奉黎寧復立大越國	
一六〇〇年	萬曆二八年	安南太尉阮潢稱廣南王於順化。	
一六五九年	順治十六年	吳三桂平定雲南，安南王黎維禔遣使犒軍。	清
一六六六年	康熙五年	詔封黎維禔爲安南國國王，定六年兩貢。	
一七四九年	乾隆十四年	法路易十五派代表來越南請求通商被拒。	
一七八七年	乾隆五二年	1阮文惠逐安南王阮福映。 2福映與法訂立密約，法允許助福映復國。	
一七八九年	乾隆五四年	中國封阮文惠爲安南王	
一七九〇年	乾隆五五年	光平受封爲安南國王	
一八〇二年	嘉慶七年	阮福映統一安南，次年遣使入朝。	

一八〇五年	嘉慶一〇年	阮福映受封越南國王，定六年二貢四年一朝之例
一八一四年	嘉慶一九年	法路易十八派艦隊東來，威脅福映履行密約，爲福映拒絕。
一八三一年	道光十一年	法使再度入越，福映下令驅逐
一八五九年	咸豐九年	法軍佔領西貢
一八六二年	同治元年	越法簽訂西貢條約，越南割南部交趾交那以與法
一八六五年	同治四年	黑旗軍首領劉永福入越南。
一八七一年	同治十年	法將安鄴死於黑旗軍之手。
一八七四年	同治十三年	越法簽訂第二次西貢條約。
一八七五年	光緒元年	恭親王向法抗議與越南所訂之條約
一八七六年	光緒二年	越南入貢
一八八〇年	光緒六年	1.越南入貢，次年抵北京，受熱烈歡迎。 2.法兵駐安南順化。
一八八二年	光緒八年	1.法海軍大佐李威耶率兵入據河內。 2.中法進行第一次和平談判
一八八三年	光緒九年	1.李威耶死於黑旗軍之手。 2.越法成立順化條約，越南成爲法國保護國。 3.法和談代表德理固奉命來，晤李鴻章、李無全

		權和談無結果。 4.法軍進逼山西，黑旗軍崩潰。
一八八四年	光緒十年	1.二月中法關係進入軍事狀態 2.五月中法成立李福協定。法海軍司令孤拔率艦入馬江。 3.六月中法兵在觀音橋衝突，法兵大敗。 4.七月中法和談重開 5.八月法軍乘中國無備進佔台灣基隆。馬江海戰爆發，孤拔受重傷，馬江船廠被燬。中國對法宣戰。 6.十一月江浙海戰爆發。 7.十二月諒山淪法。
一八八五年	光緒十一年	1.一月金登幹赴巴黎斡旋和談。鎮南關淪法。 2.三月鎮南關大捷，馮子材收復諒山等處失地。 3.四月金登幹與畢樂簽訂中法停戰草約。 4.六月李鴻章與法國專使巴德諾簽訂中法天津和約。 5.九月李鴻章奉命與法使戈可當會商中越邊界通

一八八六年	光緒十二年	商事宜。 四月李戈簽訂中法越南邊境通商章程。
一八八七年	光緒十三年	1六月慶親王奕劻奉命與法使恭士頓會商中越界務，嗣訂立中法界務專條。 2十二月盛宣懷奉命與法使林椿會商中越接線事宜。
一八九五年	光緒廿一年	慶親王奕劻奉命與法使施阿蘭商議中越界務商務續約事宜。

2. 中法黃埔條約

名稱：中法五口通商條約（Sino-Franch Treaty of Wham Poa 2844）又名中法黃埔條約。

訂約原委：

鴉片戰爭以後，中英締結南京五口通商條約，歐美聞之無不鼓舞歡迎，比利時、荷蘭、西班牙、葡萄牙、美利堅等國，相率派領事公使或全權公使來華，法國亦派全權公使至廣東，與兩廣總督耆英協商，援英例在五口通商。中國許之，遂訂立此約。

訂約日期：

道光二十四年九月十三日

公元一八八四年十月二十四日

訂約地點：廣東黃埔

訂約代表：

清欽差大臣耆英

法全權公使拏拉克勒尼（M. de Lagren'e）

條約要項：

條約共三十五條，其重要者如下：

(2)廣州、福州、廈門、寧波、上海五口通商。

(3)法國人民貨物不得欺凌强取。

(4)(5)五口派領事軍艦保護。

(6)(7)(8)出入貨物照現行稅則納稅，不得索取規費，亦不得走私違禁。

(10)互追商欠。

(11)至(22)定出進口船隻起運貨物完納鈔稅各例。

(23)(24)准在五口賃屋租地居住往來。

(27)保護法僑。

(28)(29)民刑訴訟各依本國條例處斷。

(30)(31)在中國洋面遇盜遭損，中國應負緝捕兼助拯救。

(32)中國與他國交戰時，法船仍許通行。

3. 中法天津條約

名稱：中法天津條約（Sino-Franch Treaty of Tientsin, 1858）。

訂約原委：

英領事巴夏里（Hary Parkes）本與粵督葉名琛爭入城約不得要領，早欲找尋機會，適於咸豐六年九月，粵巡河水師因捕盜拔出亞羅（ARROW）號船上所掛之英旗，巴夏里遂提出抗議，率艦攻陷省城，粵人焚燒美、法、英人居宅，英艦退出後，又值廣西西林知縣張鳳鳴處法教士馬神父（Missionary Chapdelaine）死刑，法求償不獲，遂與英聯軍，攻下天津，訂立此約。

訂約日期：
咸豐八年五月十六日
公元一八五八年六月二十七日
訂約地點：天津
訂約代表：
清大學士桂良，尚書花沙納。
法男爵葛羅（BORON GROS）
條約要項：
條約共四十二條，其重要者如下：
(2)各國各派公使進京僑居。
(3)(4)公文往來用平等式。
(6)瓊州、潮州、台灣、滬水、登州、江寧、寧波、上海五口通市無異。
(7)(8)准領照至通商各岸及內地遊歷。
(9)中國與各立約國整頓稅則，法商利益均霑。
(10)准在通商各口賃租屋地建築教堂醫院學校等。
(13)准教士入內地傳教。
(17)至(26)定船隻進出口，起貨下貨，交納鈔餉及查驗駁貨權度各項。
(27)稅則修改須會商法國。

(28)禁止走私。
(29)(30)定兵船在各口彈壓及待遇之例。
(31)中國與別國用兵，不得制止法貿易及與別國人交往。
(34)至(38)定中法人民民刑訴訟辦法。

附記：

外附補遺六款，附稅則一冊，均本約第九條內所載，因前訂稅則條款略有不便，曾在上海另訂，附善後約十款，與英美及德所訂者相同。

4. 中法北京條約

名稱：中法北京條約（Sino-Franch Treatry of Peking, 1860）。

訂約原委：

清廷因一八五八年六月廿七日之天津條約喪失權利過大，無意履行。僧格林沁既抵天津，於白河設三柵以防敵。旋英法艦復來天津，清廷命其由北塘入口換約，不允。遂攻大沽，僧格林沁軍大敗英法聯軍。聯軍退出後，於咸豐十年六月復來犯，天津陷，清命桂良爲全權大臣，赴津商談和局。英請開天津爲口岸，各國帶兵數千入京換約。清廷大怒，和議不成。七月下旬，英法軍進佔通州，逼近北京。咸豐帝奔熱河，遣使請和，被拒。八月廿二日法軍入圓明園，英軍接踵至，九月初五日焚燒圓明園，俄公使居中調停，由恭親王與法締結此約。

訂約年月：

清咸豐十年九月十二日

公元一八六〇年十月廿五日

訂約地點：北京

議約大臣：

清恭親王奕訢

法男爵葛羅（Baron Gros）

條約要項：

本約共十款，其重要者如左：

(1)表示大沽戰事之歉意。

(2)使臣優禮接待。

(3)實行條約定款。

(4)(5)賠款八百萬元。

(6)任軍民習天主教。

⑻定天津及各地退兵日期。
⑼准華工赴法承工。
⑽定船鈔每噸四錢，又除前約所開各口外，再開天津一口。

5. 中法越南專約

名稱：中法越南專約（Sino-Franch convention relating to French Indo-China and adjoining Chinese provinces,1930）。

訂約原委：

中越舊約於民國十八年期滿宣佈失效後，是年七月，越政府即取消以前華貨進口之特別稅則，而以無約國待我。至民國十九年，我國外交部長王正廷氏與法國駐華公使瑪德商訂新約，并於同年五月十六日即簽訂中法規定越南及中國邊省商務專約。惟附件未得雙方同意，無法施行。嗣以我國貨物之入越者，全依普通入口稅征收，以致稅重本高，銷路遲滯；且中越領海，公海，漁區界域未曾劃清，我國漁船亦常有被罰之事；加以旅越數十萬僑胞，不能享受最惠國待遇，僑商僑團又屢次呈請中央迅速訂約。中央因此乃與法議訂該約第一條附件內所載之甲乙兩表。甲表所載，係我國西南邊省重要貨物，共計三十餘種，由雲南、廣西、廣東運入越南時，得照最低稅率納稅。乙表所載，係法越貨物運入上述各省，得照我國當時稅則納稅。

當談判乙表時，有兩種問題，使談判幾瀕破裂。第一為越煤稅率問題，第二為徵收米稅問題。因為法方堅持越產白煤，應照以前稅率納稅，并表示該問題如不能解決，談判無從進行。政府以其時煤稅業已增加，不允所請。迨二十二年間，政府以越約之完成，關係中越整個商務及旅越僑胞之利益甚鉅，勢不能不略與讓步，乃與法方商訂，在本專約有效期間，越產白煤入口，得照二十一年稅則，并即換文決定，乃於越產白煤規定明白界說，祇以越產無煙白煤為限。越煤入口稅問題，始得以解決。

繼起之波折，乃為米稅問題，我國為限制洋米入口起見，稅率已提高，惟法方復以越米輸入量鉅為理由，請求劃一米稅，減低稅額，於是甲乙兩種附表之簽訂又經一度擱淺，以後再三磋商，始定一種與現行稅率相差無多的稅額，并僅以二年為限。米稅問題，亦因之告一段落。雙方爭點既經解決，遂由外交部與法使韋禮德於二十四年五月四日正式簽訂。關於甲乙兩種附表議定書及其他附件，并由我國駐法代辦蕭維榮與法外交部代表於七月二十日在巴黎簽訂換文記錄。全約及其附件又於同月二十二日在巴黎，南京同時公布。

本約分爲兩部，其訂立時間與議約代表均不同。

㈠中法規定越南及中國邊省關係專約。

附件往來照會四件。

往來照會五件。

㈡關係訂立甲乙兩種附表之議定書

附聲明書一件。

往來照會六件。

訂約地點：約在南京。

訂約時間：

㈠民國十九年五月十六日

一九三〇年五月十六日

㈡民國二十四年五月四日

一九三五年五月四日

議約大員：

㈠外交部部長王正廷

法國公使瑪泰爾

㈡兼外交部部長汪兆銘

法國公使韋禮德

條約要項：

㈠專約部分，共十一條，其要項如左：

⑴廢止以前之舊約。

⑵龍州、思茅、河口、蒙自繼續爲通商口岸。

⑶中國得在河內或海防及西貢，派駐領事。法國得在龍州等地派駐領事。

⑷中越人民往來居住、旅行，通商，納稅，享受最惠國之待遇。

⑸在中越兩國邊境，互相約定不設立同時不適用於其他各國之進出口及通商之禁令及限制。

⑹互不得徵較高或異於其本國人民或其他國人民所應納之消費稅或內地稅。

⑺犯人須引渡。

㈡議定書部份：規定享受最低稅率之貨物表。

㈢聲明書部分：規定凡越南產米，由法屬越南輸進兩廣，雲南三省者，其入口稅自每百公斤收一點五〇金單位，僅以兩年爲限。

（全書完）

國家圖書館出版品預行編目資料

中法越南交涉史

劉伯奎編著. – 初版. – 臺北市：臺灣學生，2021.08 印刷
面；公分

ISBN 978-957-15-1868-8(平裝)

1. 中法戰爭 2. 中法關係 3. 中越關係

627.84 110013724

中法越南交涉史

編著者 劉伯奎
出版者 臺灣學生書局有限公司
發行人 楊雲龍
發行所 臺灣學生書局有限公司
地址 臺北市和平東路一段 75 巷 11 號
劃撥帳號 00024668
電話 (02)23928185
傳真 (02)23928105
E-mail student.book@msa.hinet.net
網址 www.studentbook.com.tw
登記證字號 行政院新聞局局版北市業字第玖捌壹號
定價 新臺幣二六〇元

一九八〇年一月初版
二〇二一年八月初版二刷

64101

ISBN 978-957-15-1868-8 (平裝)